文春文庫

あなたがひとりで生きていく時に知っておいてほしいこと

ひとり暮らしの智恵と技術

辰巳渚

文藝春秋

はじめに——自立して生きていくあなたに

　この本は〝ひとり暮らしを始める方たち〟に読んでもらいたくて書いた本です。そして、もうひとつには〝ひとり暮らしを始める子どものいる親御さん〟に読んでもらいたいと思って書いた本でもあります。もしかしたら、お母さんに「読んでおきなさい」と手渡されて仕方なく読んでいる人もいるかもしれません。

　それでも、今、この本を手に取っているあなたに、まずは、心から「おめでとう」と言わせてください。

　ひとり暮らしをするということを決めて、今、こうしてこの本を手に取りページをめくっているあなたは、人生の大きな一歩を踏み出したのです。ひとりで生活するのに不安を感じながらも、心はわくわくしていることでしょう。

　なかには、自分の意志ではなく、仕事や身内の事情などでやむを得ずひとり暮らしを始める人もいるかもしれません。そんな時は、最初は悲しみや憤《いきどお》りを感じたとしても、これは与えられたチャンスなのだと考えてみてください。別の道を選ぶこともできたのに、ひとり暮らしをするという状況を受け入れた。そのことにおいて、あなたは、人生の大切な一歩を踏み出したのです。だから、私から見ると、やはり心からの「おめでとう」を言わずにはいられないのです。

これから先、ひとり暮らしはずっと続くとは限りません。誰かと暮らし始めたり、家族が増えたり、別れてひとりに戻ったり、また別の人と暮らしたりという変化は、将来きっとあるはずです。もしかしたら、親とまた同居し始めることもありえます。

でも、誰とどこで生きていても、またどんな時でも、あなたがこれから始める**ひとり暮らしの経験は、つねにあなたの人生を豊かなものにし、あなたを支え続けるに違いありません。**

✻ひとり暮らしで得られるものとは

生まれてきてから今日まで、親はあなたを手塩にかけて育ててきたはずです。そんな愛しい我が子を手放す不安や寂しさをこらえてでも、「親はあなたにひとり暮らしを経験させたいと思っている」というのはなぜでしょう。

それは「自立して生きること」をあなたに経験してほしいと思っているから。

「自立」という言葉は、「自分のすることに責任を持てる」とか「自分で課題を見出し、解決できる」とか、抽象的で高いハードルを感じさせる言葉かもしれません。けれど、親として子に願う「自立」は、もっと実践的で日常を生きるベースとなるもの。親と一緒に暮らしていては、身をもって気づくことが難しい「生活と人間関係（社会性）」のことなのです。

自立とは①――「生活の流れ」を意識すること

毎日をつつがなく暮らし、元気に学校や勤務先に出かけられるのは、あたりまえのようでいて簡単ではありません。そこには、生活をちゃんと維持していこうという意志と作業が欠かせないからです。これまで、家にいた時はお母さんに起こしてもらって、起きれば朝食が用意されている、出かける前に着ていく服はきちんと洗濯されている、そんな毎日だったのではないでしょうか。でも、そんな毎日の生活があったのは誰かが自分のためにやってくれていたからなのです。

今、もしあなたが「私は、料理は得意だから、ひとり暮らしでも大丈夫」と思っていたとしても、一食の料理をおいしく作る力と、毎日、他のこともしながら「朝は（昼は、夜は）何を作るか（食べるか）」を考え、冷蔵庫の中身と財布の中身を勘案しながら生活していく力とは、まったく違う力だということにすぐ気がつくと思います。

生活は、大きな流れのような営みです。一度ごみを捨てても、次も捨てなければ部屋はすぐにごみの山になるし、冷蔵庫は食材を買い足さなければすぐに空っぽになるのです。洗濯を1週間サボると、下着や靴下が足りなくなります。お金を無計画に使うと、次にお金が入る時までに生活に困るようになってしまいます。近所の人のことを考えずに、深夜に大きな音を立てたり、夜中にごみ捨てなどをしてしまったら、たちまち苦情のひとつも来てしまうことになります。

親や家族がいたから、あなたの知らないあいだにごみが捨ててあったり、冷蔵庫に牛乳が買い足してあったりしていたのです。でも、今までは、こうした「生活の流れ」をあまり意識していなかったのではないでしょうか。

一度でもひとり暮らしをしたことのある人は、生活の流れを把握し、自分が「いつ何をしたほうがいいのか」が分かるようになります。この流れを身につけられると、その後、あなたが誰かと一緒に暮らすようになっても、家事や育児を上手に分担しながら、生活を共に築くことができるようになるはずです。

自立とは②――「他者」を頼りにできること

ひとり暮らしを始めて少しでも慣れてくると「もう、なんでも自分でできる」と思いがちです。でも、逆にどこかで「ひとりでは生きていけない」ということも思い知るはずです。そして、それはとても大切な場面であり、あなたが成長するタイミングでもあるのです。

夜、暗い部屋に帰ってきて「寂しいな」「部屋が冷え切っていて寒いな」と感じる時。また、風邪をひいてひとりで寝ていて、ネットではいくら友達とつながっていても、そばには誰もいなくて心細く感じる時。こんな時にあなたはひとり暮らしの限界を思い知ることになるかもしれません。

私は、**「真にひとりの孤独と限界を知った人は、真に他者を頼りにし他者とともに生きていくことができる」**と思っています。あなたがもし「なんでも自分でできる」と自分に宣言したのであれば、他者への依存や支配に陥らない強さをもちつつも、他者と支え合える人間関係を築けるようになれるはずです。

自己啓発の源流と言われるオーストリアの心理学者アルフレッド・アドラー（1870〜1937）は多くの名言を残していますが、その中で「究極的には、我々の人生において対人関係以外の問題はないように見える」とまで言っています。それほどまでに人間社会では、対人関係によって人生が左右されてしまうのです。だからこそ、人と人のつながりを大切にし、あなた自身が相手を必要としているのだと素直に思えれば、たいていの人間関係の困難は乗り切れるはずです。

今の時代は、転職も離婚もあたりまえで、人間関係は不変ではありません。この先、あなたが人間関係で苦しむことがあれば「もう、そこからさよならしたい」と決めるのも、必要なことかもしれません。私自身も、ひとり暮らしの時に「ひとりで生きる」経験から「人とのつながり」を学んできました。これは人生の先輩である私からのアドバイスでもあります。

自立とは③――「親が守り、子が守られていた関係」が変わること

親子の関係は、生まれてからずっと続くものですが、私は、子どもが家を出てひとり暮らしを始める時が、それまでの親子関係を一区切りさせる節目だと思っています。一般に、結婚して家を出る時、就職して社会人となる時などを自立と考えることが多いようですが、私は、ひとり暮らしを始める時こそが、まさに自立だと思っています。

あなたは、親が整えた調度品や日用品など、生活に必要なものが揃えられた家で、親の庇護のもと親に守られた人生をこれまで送ってきたはずです。でもこれからは、ひと

り暮らしのスタートとともに、自分自身で判断し、生活をしていかなくてはなりません。ひとり暮らしを始めることで、親が守り、子が守られていた関係は変わるのです。

私は常々、「子どもは世の中からの授かりもの」と考えてきました。ですから、自分自身も、子どものひとり暮らしをきっかけに、子どもを世の中にお返しする、そんな気持ちでいます。とはいえ、別に親と断絶せよ、と言っているわけではありません。困った時に親を頼るのは、もちろん恥ずかしいことでも悪いことでもありません。ただ、あなた自身が、それまでは当然のこととして受けていた親の支えや援助から、少し距離を置く感覚になることが「自立」「自律」の始まりといえるのではないでしょうか。

またこれからは、親が子どもを頼ることも出てくるでしょう。**親子は対等にひとりの人間同士として接し、生きていくべきものだと私は考えています。**ひとり暮らしのスタートをきっかけに、親子の関係について一度じっくり考えてみるとよいですね。

この本では、あなたが「自立して生きる」ために必要な、様々な知識や技術について説明していきます。「そんなことは知っているよ」「そんなの古めかしいよ」と思うこともあるかもしれません。でも、あなたが本当に、人として、一生自立して生きていくために必要なことを書いています。まずは最後まで読んでみてください。

第1章から最終章まで、ひとり暮らしを始めて3週間、3か月、6か月、1年、を目安に、その時々に知っておいてほしいことを書いていますが、これは、ひとり暮らしを続けていくために優先度、重要度の高い事柄の順番にもなっています。すでにひとり暮らしをしている人も、ぜひはじめから読み進めてください。

さあ、あなたの人生の新しい扉が開かれようとしています。ワクワクしながらひとり暮らしについて学んでいきましょう。

目次

はじめに――自立して生きていくあなたに　3
ひとり暮らしで得られるものとは　4

第1章　はじめの3週間

あなたが生き延びるために必要なこと

あなたを支える「食」について　26
ごはんを2合炊く――いつでも一膳のごはんとともに　27
ごはんにプラスするもの――まずは一膳一菜から　28
食事に必要な食器や調理道具――ひとりだからこそ、道具を間に合わせにしない　32
料理に必要な調味料――「さしすせそ」が基本　34
食材の保存方法――使い切れる量を買う　36
あったほうが便利な食材――玉ねぎ、ジャガイモ、にんじん……　40
ピンチの時の食材――すぐに食べられるものを　41

心と身体を休められるようにすること　44

寝る場所を確保する——落ち着いて寝られる場所を見つける　45
「家の匂い」を「自分の匂い」に——嗅覚は落ち着きを生む　46
ごみ箱を用意する——汚部屋にならないための第一歩　48
台所ごみについて——臭いの元を作らない　50
ごみの出し方と出す時間——近所の目を気にする　50
生活リズムを整える——早寝早起きリラックス　53
分からないことはすぐに解決する——分かっている人に聞く　54

身なりを清潔に保つということ　56

鏡を置く——身だしなみは他人の目になりチェックする　57
衣服を洗う——汚れは時間とともに定着する　58
衣服の干し方・しまい方——洗濯物は干したように干しあがる　60
家の臭いの元を取る——生活臭は自分では分からない　63
布団や寝具について——敷きっぱなしは不潔の元　66

掃除の手順――「小さな掃除」が部屋を清潔にする　67
忘れがちな場所の掃除――見て見ぬふりを癖にしない　68

健康を保つということ　70

身体の不調を感じたら――サインを見逃さないで健康を保つ　71
命に関わる症状――迷わず救急車を呼ぶ　72
常備したい薬――分かりやすい場所にまとめて置く　75

お金を管理するということ　77

支出を管理する――払うべきものを払っておけば生活は成り立つ　78
足りないものは足りないままで工夫――必要なものが分かるのは上級者　79
食費は削ってはいけない――健康を削って楽しみを買ってはいけない　80
人を頼る智恵――誰に頼ると安心なのかを見分ける　82
財布に入れておくべきお金――現代版「肌付きのお金」のすすめ　84
買い物ではお金をチェックする習慣を――社会人の常識として　85

安全に暮らすということ　87
火事を出さない――火の元からは離れない　88
水漏れの事故を起こさない――水に注意して生活する　89
泥棒や空き巣に入られない――いつも鍵をかける　90
人とのトラブルを起こさない――自分の身は自分で守る　91
地震や災害への備え――命を守るのは自分と身近な他人　92
何かが起きてしまったら――第三者を交えて対処する　93

第2章　つぎの3か月
生活に慣れてきたら始めてほしいこと
家事のパターンについて　100
食のパターン――5つのポイント　101
掃除のパターン――5つのポイント　105

片づけのパターン――4つのポイント　111
洗濯のパターン――5つのポイント　115
手入れのパターン――3つのポイント　120

時間のパターンについて　124

朝のパターン――余裕をもって起きているか　125
夜のパターン――寝る時間を決めておく　126
休日のパターン――ごろごろしているだけではだめ　126

お金のパターンについて　128

お金の引き出し方――使い方に合わせた額を引き出す　129
少しずつ余らせる習慣をつける――貯蓄ができるようになる　130
余分な経費を使わないで済むようにする――塵も積もれば山となる　131
入ってくるお金を把握する――うやむやにするとなくなってしまう　132
クレジットカードの使い方――お金の管理ができないうちは使わない　133
お金の貸し借りについて　135

近所付き合いのパターンについて 138
挨拶がまだできていなかったら——遅れてもいいので挨拶を 139
近所の人の行動を観察する——挨拶のお手本は目の前にある 140
ごみの出し方——ご近所は見ている 141
ご近所トラブル——ほどほどのお付き合いを心がける 142
家に人を呼ぶ場合——先に先にの挨拶が肝心 144
地域を知る——情報収集を始める 144

第3章　これからの6か月

季節や環境に合わせて暮らすということ
季節の変化に合わせた部屋のしつらえ 150
部屋の冬支度——暖房で暖かくする前に 151
冬の衣類——冬の衣替え 152
次に使うまでの心がけ——そのまま置いておいてはいけない 153

おまけ――夏に向けた準備について 154

冬の家事で注意したいこと 157
冬の洗濯――乾き方が変わる 158
冬の掃除――綿埃に注意 160
冬に食べたい料理――身体を温めるものを 161
夏から冬への健康管理――冷え、乾燥、風邪対策 163

日本の季節の行事を楽しむ暮らし 171
大掃除をする――感謝と願いを込めて 172
お正月のしつらえ――実家に帰るにしても部屋は整える 175
初詣に行く――地域の氏神に挨拶する 177

生活環境について検討する 181
インテリアを考える――住み続けていくためにしたいこと 182
計画的に資金を貯める――目標をもつ 183

引っ越しを検討するなら――準備を入念に 183

最終章　1年経ったら 生活しながら未来に向かって生きていく

自立して生きるということ 192
自由の代わりに孤独をしょいこむ 193
「自立しているか」を一生問い続ける 194
家事をする力とは 196
生活とは何か 201
人生のフェーズについて考える 203
3つのプラットフォームと12のフェーズ 204
あとがき――母・辰巳渚のこと　長男・中尾寅彦 210
文庫版あとがき　長男・中尾寅彦 216

あなたが
ひとりで生きていく時に
知っておいてほしいこと

ひとり暮らしの智恵と技術

第1章

はじめの3週間

あなたが
生き延びるために
必要なこと

ひとり暮らしが始まって、あなたはどのように過ごしているでしょうか。元気で生活できていますか？　何か困っていることはないでしょうか。これまであたりまえにあった清潔な服や温かい食事が、用意されていないことの不便さをそろそろ感じているのではないでしょうか。

今のあなたには、身のまわりのことをやってくれる人はいません。これからは自分で生活の全てをしていかなくてはならないのです。

「とりあえず、寝て食べていれば、生きていけるさ」というのでは、ちょっと心配です。自分のしたいことや、周囲の人があなたに期待することをきちんと行うため、なによりも自分自身が日々をしっかり生き延びていくために「すべき生活」があるのです。その生活のお手本は、今までの「実家での暮らし」そのものです。

ちょっと思い出してみてください。これまでは、あなたが朝起きると洗濯機が回っていて、家を出る時間にはお母さんが洗濯物を干している。朝食は用意されていて、冷蔵庫を開けると牛乳や野菜ジュース、果物が入っている。また、家に帰ると、朝洗った洗濯物が畳まれている。お風呂も用意されていて、洗面所には洗ったタオルが積んであり、シャンプーや石鹸が切れたら棚を探せばストックがある。

こうした親が整えた日々の暮らしの中で、あなたは何があたりまえなのかをこれまでに経験してきたはずです。また、そんな生活の中で、あなたも料理や買い物などを頼まれて、少なからずお手伝いをしてきたのではないでしょうか。

もし、あなたが「お母さんから、ちゃんと教わってこなかったし……」と不安に思っていたとしても、大丈夫。家を出るまでの20年近くの日々の暮らしは、あなたの身体《からだ》の中に蓄積されているはずです。その経験のひとつひとつを思い出しながら、自分なりに暮らせばいいだけのこと。**実家で経験してきたことが、これからの3週間の生活の基本**だと考えてください。

はじめは、親と同じようにうまくできなくて当然です。あなたが今暮らしている部屋は、すぐには実家のように快適にはならないかもしれません。それでも、実家での経験をひとつひとつ再現していく。そうすることで、今日を無事に終え、明日を健やかに迎えられるようになるはずです。

あなたを支える「食」について

暮らしの中の「衣・食・住」でもっとも大切なのは食です。あなたもご存知のように、命を支えるのは「食」であり、身体と心の健康も「食」によって保たれます。今までは特に何も考えなくても家族が用意した食事を食べていたので、体調を崩すこともなく過ごせた、という人が実は多いのではないでしょうか。

あなたは、これまで家でどんなものを食べてきましたか。ごはん、味噌汁、野菜炒め、焼き魚、ハンバーグ、シチュー……。たぶんお母さんは、あなたの好きなものを、栄養を考えながら作っていたはずです。

でも、これからは、自分が口にするものは自分で用意しなくてはなりません。コンビニのお弁当やカップ麺のように、手軽に食べられるものは確かにたくさんあります。でも、手軽に食べることに慣れてしまうと、お金が足りなくなったり、栄養バランスが悪くなってしまい「疲れやすい、風邪をひきやすい、朝起きるのが辛くなる」と、生活に支障をきたすことになりかねません。

もちろん、親が作っていたようにちゃんとした食事を、自分ひとりのために用意するのは無理かもしれません。ですから、**まずは「ごはんを炊いて家で食べる」ことから始めてみてはどうでしょうか。**

この先、あなたには、忙しくて辛い時や、悲しくて苦しい時など、いろいろあるかもしれません。ですが、どんなに心乱れた時でも、自分の心身を養う一食を、自分自身で整えられる人になることができたら、あなたは何があっても大丈夫です。

＊ごはんを2合炊く――いつでも一膳のごはんとともに

家での食事の基本は、ごはんです。ごはんは腹持ちもよく、何にでも合うので、おかずになるもの（いわゆるごはんのお供《とも》）がバラエティに富んでいます。なにより、パンなどよりも安価です。

ひとり暮らしの人におすすめなのは、夜に2合炊くこと。夕飯の後に保温しておけば、朝食でも食べられます。1合で炊くよりもおいしいし、食べ切れない場合は、冷凍保存しておきます。ごはんは、冷凍しても味の劣化が少なく、電子レンジで解凍するだけでほかほかのごはんが食べられます。冷凍する時は、ごはん1杯分を目安にラップで小分けにしておきましょう。炊飯器にであれ、冷凍庫にであれ、一食分のごはんがあるだけでとにかく助かるはずです。

そして、もし興味があるなら、玄米や雑穀米にもトライしてみてください。雑穀米なら白米に適量混ぜて入れるだけで、普通に炊飯器で炊けます。白米よりもビタミンやミネラルも豊富、おかずが少なくても満足感が得られて一挙両得です。

✳ごはんにプラスするもの——まずは一膳一菜から

ごはんさえあればなんとかなると言っても、ごはんに塩だけでは、飽きてしまいますし、栄養も足りません。そのためにも、ごはんに何かプラスするための、一緒に食べられるものを用意するのがおすすめです。

ちょっと考えてみてください。あなたの実家の冷蔵庫には何が入っていたでしょうか。海苔の佃煮、梅干しなど、保存できるものが入っていたのではないでしょうか。**こうした保存できるものや、納豆、生卵があれば、すぐに一食分の食事は用意できます。**いわば「一膳一菜」です。最近はおいしい缶詰も豊富にありますし、インスタントでも味噌汁を用意すれば、ごはんと汁物、ごはんのお供で、立派な「一汁一菜」になるのです。

そして、少し慣れてきたら、包丁やフライパンを使った調理を取り入れてみましょう。卵なら、卵かけごはんから、スクランブルエッグ、ハムエッグなどに進化させる。さらにもう一品、栄養面を考えて野菜を取り入れてみてください。きゅうりとトマトを切ってサラダにしたり、もやしやキャベツを使った野菜炒めを作ったりできるようになるといいですね。

ごはんの炊き方

1.

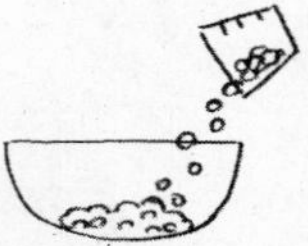

計量カップ（炊飯用の1合カップ180ml）で米2杯（2合）を、ボウルなどに入れる

2.

米を入れたボウルに水を入れ、手でかきまぜたら米を流さないように、素早く水を捨てる。これを2回繰り返す。

3.

水が白い色から透明に近くなってきたら、手のひらで底におしつけるように米を洗う。これを2回繰り返す。

4.

洗った米を炊飯ジャーの内釜に入れ、水の分量（炊飯用カップで2杯）、もしくは内釜の水量メモリをみて入れる。15分から30分置いた後に、スイッチを入れて炊く。

5.

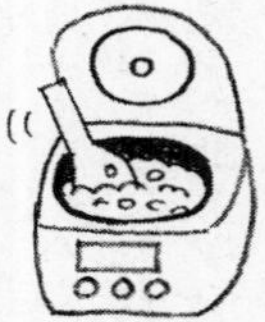

炊きあがったら、すぐにしゃもじで軽く混ぜておくと、余分な水分が飛び、ごはんがべちゃっとならない。

ごはんを冷凍するときは、
平たくしてラップする。

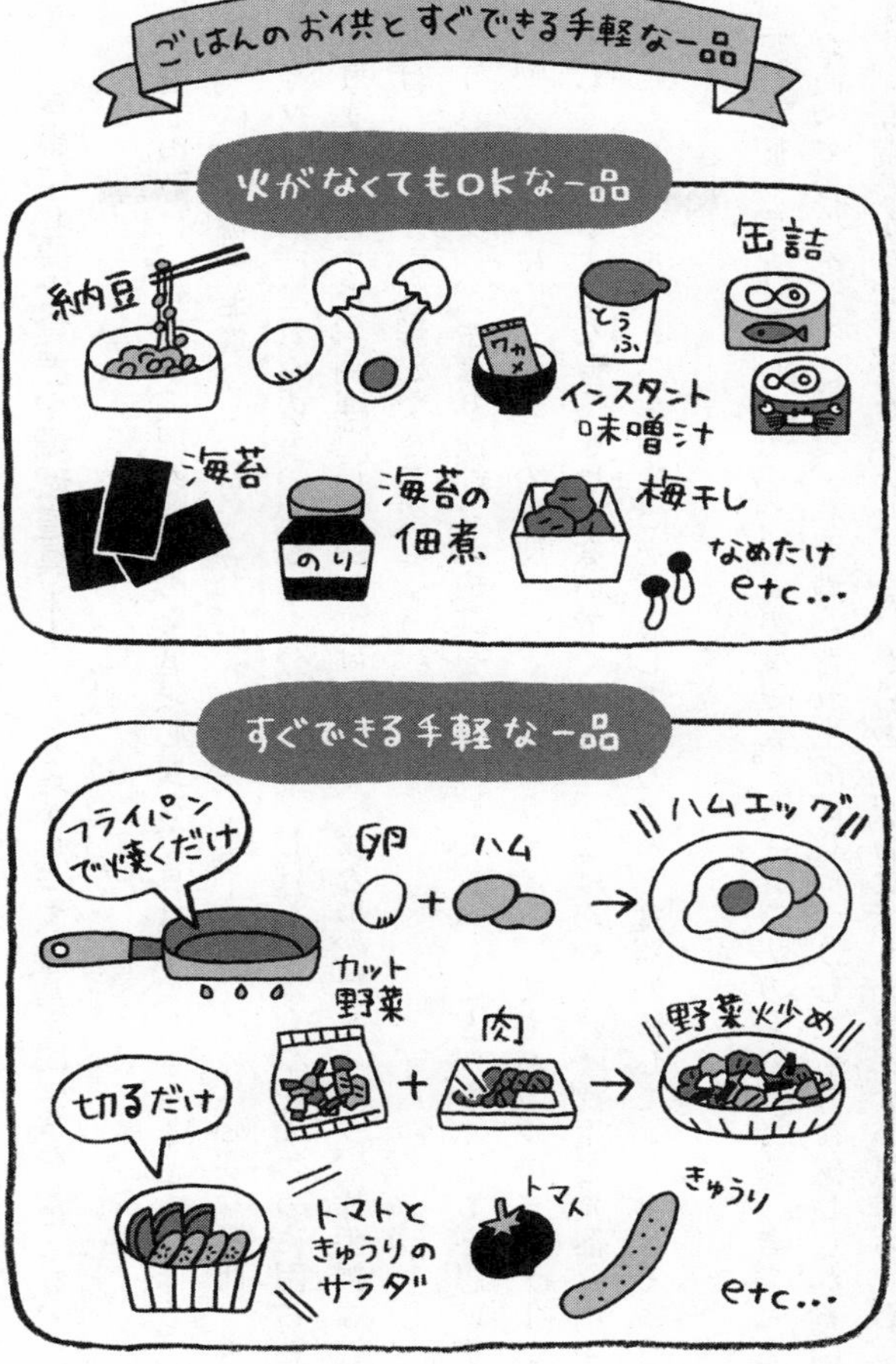
ごはんのお供とすぐできる手軽な一品
火がなくてもOKな一品
納豆
缶詰
とうふ
ワカメ
インスタント味噌汁
海苔
のり
海苔の佃煮
梅干し
なめたけ
etc...
すぐできる手軽な一品
フライパンで焼くだけ
卵
ハム
ハムエッグ
カット野菜
肉
野菜炒め
切るだけ
トマトときゅうりのサラダ
トマト
きゅうり
etc...

✳食事に必要な食器や調理道具——ひとりだからこそ、道具を間に合わせにしない

引っ越しの際に、食事や調理のための最低限必要な道具は持ってきたことでしょう。ごはん茶碗、汁椀、お箸。マグカップ。取り皿や、カレーやパスタに必要な深皿、スプーンやフォーク。これらのものがひとり分あれば、しばらくは食事をするのに困ることはありません。また、調理道具に関しては、包丁、まな板、フライパン、片手鍋などがあれば、なんとか料理ができるでしょう。

ひとり暮らしでは、やはり便利なお惣菜を買ってきて食べることが多くなると思います。お惣菜を上手に取り入れるのは悪いことではありません。でも**パックのままテーブルに出して食べるような習慣をつけないでください**。ごはんやお味噌汁用の食器を出すついでに、お惣菜を入れるお皿などを用意して、ちゃんと食器に移してから食べるようにしてください。

「食」はお腹を満たすだけのものではありません。たとえひとり暮らしでも、きちんと食器を使って食事をすることで、心も満たされ生活がしっかりしたものに感じられるはずです。面倒だから、食器を洗いたくないからと「安易なほうを選ばない気持ち」が、

あなたを「人から信頼される一人前の大人」に育ててくれるのだと思います。

ラクだからと、生活を間に合わせにしていると、人生も間に合わせになってしまうことがあると肝に銘じてください。

料理に必要な調味料――「さしすせそ」が基本

料理で必ず使う調味料は「塩、砂糖、しょう油」です。後は自分の作る料理に合わせて、油や味噌、酢、だしなどを買い足していくといいでしょう。

調味料を入れる順番としてよく言われる「さしすせそ――砂糖、塩、酢、しょう油、味噌」は、実は買い揃えておきたい調味料の基本でもあります。好みによっては、マヨネーズやケチャップ、ソースなどもいるかもしれません。

調味料の銘柄は、実家で使っていたもののほうが、馴染みがあっていいかもしれません。同じ塩や砂糖でも銘柄によって意外に味が違います。まずは慣れたものから試したほうが安心です。そして、徐々に自分の好みのものに変えていくと良いでしょう。

いずれにしても、**はじめのうちは小さいサイズのものを選んで買うようにしましょう。**自分がどのくらいの頻度でどのくらいの量を使うか分からずに大容量の調味料を買ってしまうと、賞味期限内に使い切れずに、捨てることになってしまい無駄が出てしまいます。今は100円ショップなどで小さいサイズの調味料が買えるので、自分にあった調味料を少しずつ選んでみてください。

また、注意したいのが砂糖や塩などのように袋に入った調味料です。こうした粉のものは、面倒でも専用容器に移し替えます。ビニール袋のままだと、使うのに不便なだけでなく、中身が湿気《しけ》ってしまい劣化してしまうこともあります。専用の容器は、100円ショップやスーパー、またはホームセンターなどのキッチン用品売り場で買うことができます。

センスよく暮らしたいなら、**日用品こそ自分の気に入ったデザインや使い勝手のいいものを探す労力を惜しまないようにするといいですね。**

そして、調味料類は置き場所を決めておきます。砂糖や塩、油などは常温保存でも大丈夫なので、調理の際に使いやすい位置に並べます。味噌やマヨネーズなど腐りやすいものは必ず冷蔵庫へ入れます。保管方法は商品に書いてありますから、まずは一度目を通しておくといいですよ。

✳食材の保存方法――使い切れる量を買う

最近は簡単に調理できるレシピがスマホなどで検索できますから、参考にして、ごはんと味噌汁だけではなく、少し手をかけた料理を始めてみるのもいいかもしれません。その時に気をつけたいのが、料理のための食材のことです。**食材は、なるべく必要なものだけを、使い切れる量で買うようにします。**安いからといって、キャベツを丸ごと1個買って冷蔵庫を占領してしまうのは避けたいものです。

あなたが料理上手で、1週間でキャベツ1個を使い切れるのなら話は別ですが、冷蔵庫に入れておくだけで野菜は古くなり、味も栄養素も損なわれてしまいます。キャベツなら2分の1か4分の1サイズのものを、また、ジャガイモや玉ねぎなども大袋ではなく、2、3個入りの袋を選ぶなど、1週間で食べ切れる量の食材を買うようにします。

また、**買い物をした後、一時しのぎでレジ袋に食材を入れたままにしておいてはいけません。**一時しのぎのつもりでも物を置いてしまうと、後からしまうのが面倒になり、そのまま置きっぱなしになってしまうものです。使いづらいだけではなく、食材の場合は傷むのが早くなります。

冷蔵庫に入れるべきもの、冷暗所に置くべきもの、どこに置いておいても大丈夫なものがありますので、すぐに保存場所に移動させます。葉もの野菜やハムや卵などは冷蔵庫へ。ジャガイモ、玉ねぎなどは暗くて涼しい場所に。ジャムや梅干しなどは、台所の棚などで大丈夫なものもあります。

お米も、10キロ、5キロではなく、小袋で2キロ程度を買うことから始めてみましょう。もし、自炊が好きで1か月で5キロを使い切れるようになったならば、その量のお米を買えばいいのです。お米は高温多湿の場所では劣化しますから、陽のあたらない涼しい場所に保存しましょう。

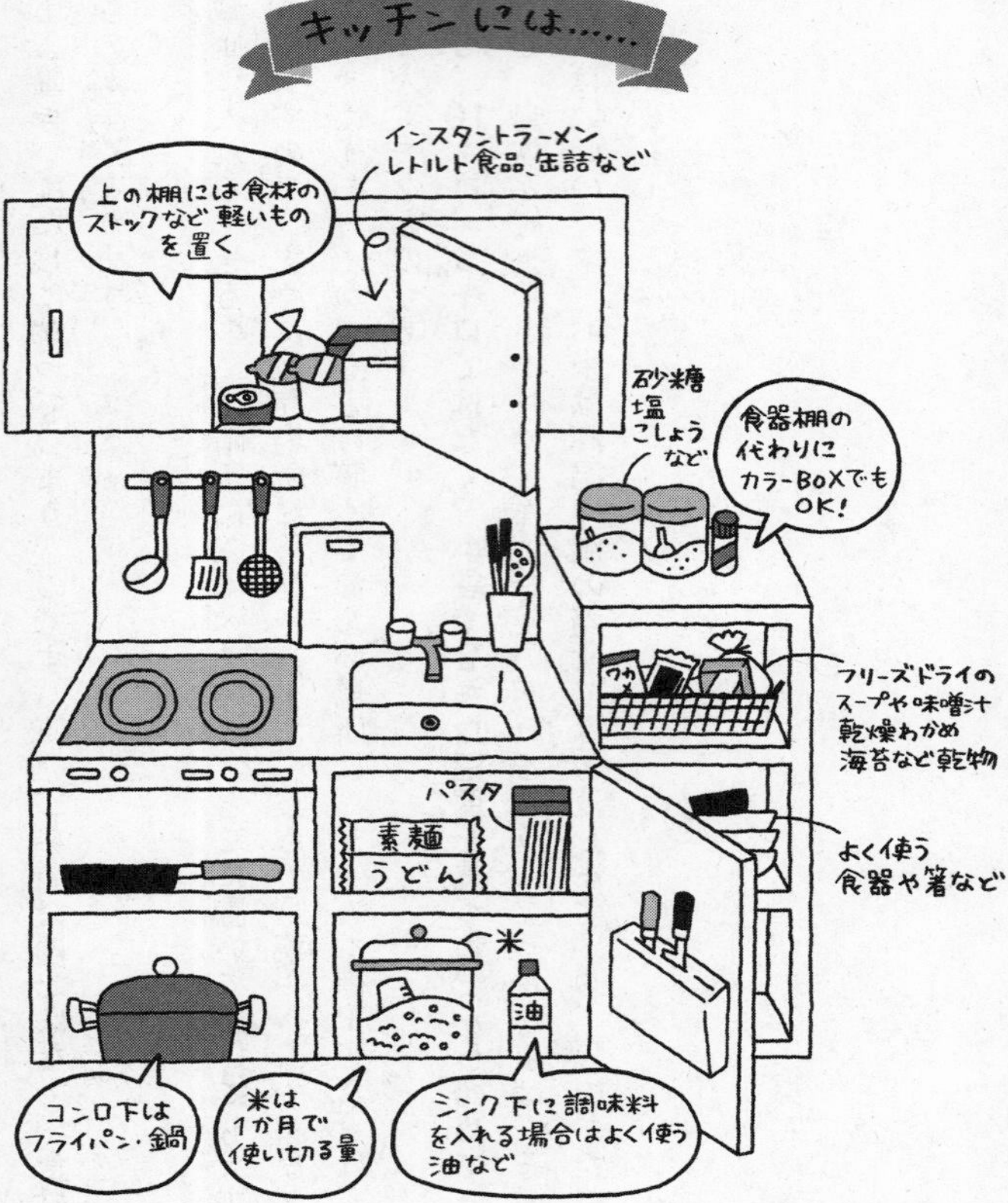
キッチンには……
インスタントラーメン
レトルト食品、缶詰など
上の棚には食材のストックなど軽いものを置く
砂糖
塩
こしょう
など
食器棚の代わりにカラーBOXでもOK!
フリーズドライのスープや味噌汁
乾燥わかめ
海苔など乾物
ワカメ
パスタ
素麺
うどん
よく使う食器や箸など
米
油
コンロ下はフライパン・鍋
米は1か月で使い切る量
シンク下に調味料を入れる場合はよく使う油など

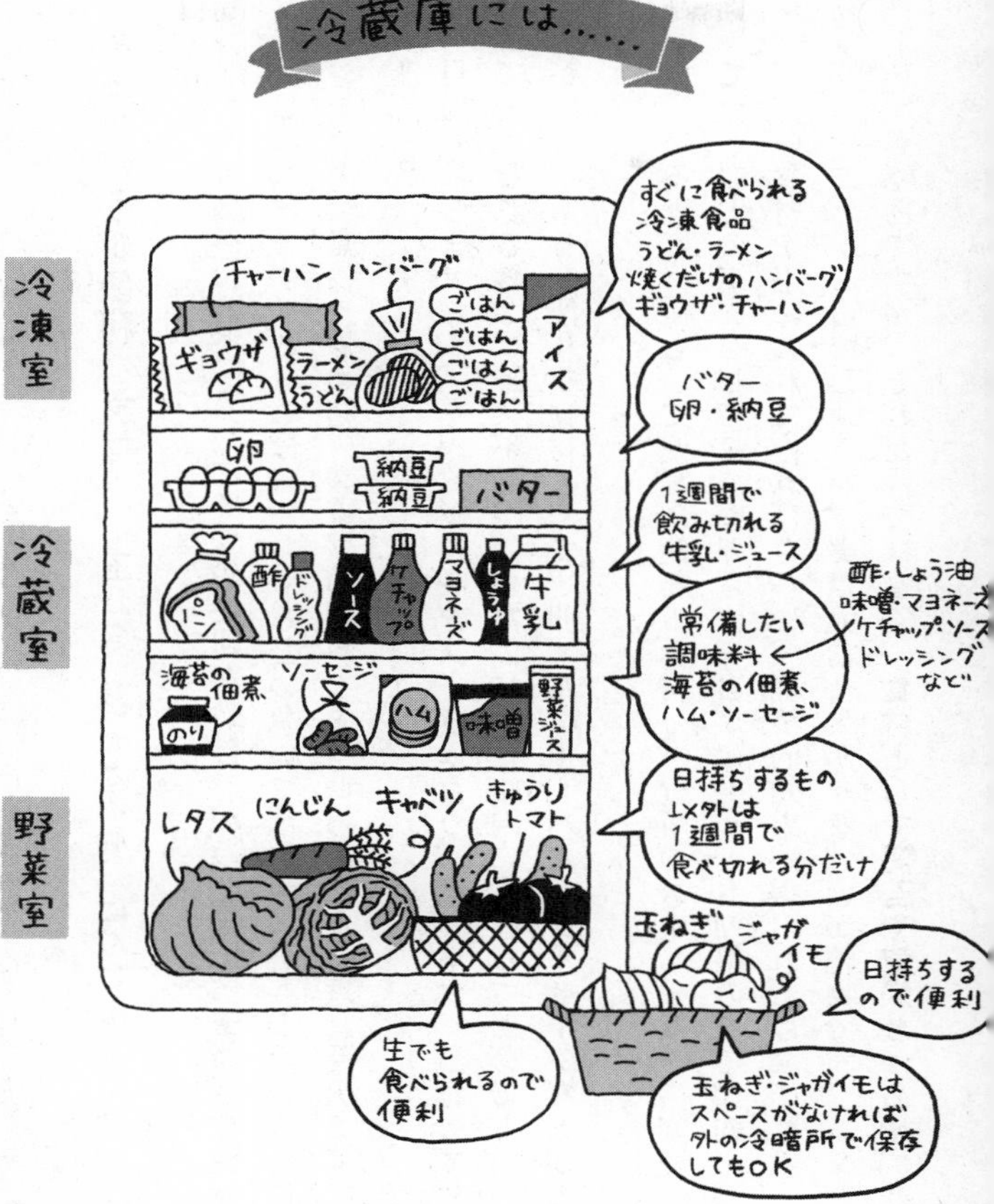
冷蔵庫には……
冷凍室
冷蔵室
野菜室
チャーハン
ハンバーグ
ギョウザ
ラーメン
うどん
ごはん
ごはん
ごはん
ごはん
アイス
すぐに食べられる
冷凍食品
うどん・ラーメン
焼くだけのハンバーグ
ギョウザ・チャーハン
卵
納豆
納豆
バター
バター
卵・納豆
パン
酢
ドレッシング
ソース
ケチャップ
マヨネーズ
しょうゆ
牛乳
1週間で
飲み切れる
牛乳・ジュース
常備したい
調味料
海苔の佃煮、
ハム・ソーセージ
酢・しょう油
味噌・マヨネーズ
ケチャップ・ソース
ドレッシング
など
海苔の佃煮
のり
ソーセージ
ハム
味噌
野菜ジュース
レタス
にんじん
キャベツ
きゅうり
トマト
日持ちするもの
以外は
1週間で
食べ切れる分だけ
玉ねぎ
ジャガイモ
日持ちする
ので便利
生でも
食べられるので
便利
玉ねぎ・ジャガイモは
スペースがなければ
外の冷暗所で保存
してもOK

✳あったほうが便利な食材――玉ねぎ、ジャガイモ、にんじん……

家で料理を作る場合、「家にあったほうが便利な食材」があります。**玉ねぎやジャガイモ、にんじんなど**です。これらは日持ちするため急いで消費する必要がないうえに、カレーやシチュー、煮物や炒め物、スープの材料など、いろいろな料理に使えます。これらを常備しておくだけで何か一品は作れるはずです。

また、日持ちはしませんが、**キャベツやレタス、きゅうり、トマトは、調理せずにそのまま生で食べられる**ので、野菜不足解消のために冷蔵庫内に常備しておいてもいいですね。ほかにも、あると便利な食材として、**卵、バター、ハム、ソーセージ**などがあります。

こうした、ある程度日持ちして便利に使える食材は、近所のスーパーなどの安売りの時に買っておくなどの工夫をしてみてください。自炊はもっとも効果のある節約のひとつですが、安い食材を手に入れて作ればさらに、経済的効果が得られるはずです。

乾物は使ったことがあるでしょうか。実は節約に欠かせないのが乾物です。インスタントラーメンも乾物ですが、それだけではなく、**食材として海苔や乾燥わかめや、乾麺**

のうどんや素麺、パスタ類なども常備しておくと良いですよ。これらは高温多湿を避ければ2、3か月は保存できるので、いざという時のお助け食材になります。

何度か試行錯誤を経て、料理をしてみるようになると、そのうちに家にあるものを眺めればメニューが浮かぶようになる日も来るはずです。よく言う「冷蔵庫の残り物で一食作る」という生活の智恵が身につくようになってきます。それができるようになれば、食費のかかり方も大きく違ってくるはずです。

ピンチの時の食材――すぐに食べられるものを

ひとり暮らしをしていると、どうしても食事に困るということが出てきます。風邪をひいて体調が悪くて買い物や外食ができない時、夜遅くにお腹をすかせて帰ってきたけれど疲れてごはんを作りたくない時など、「誰かが作ってくれないかなー」と思うことは多々あるでしょう。

でも、ひとり暮らしのあなたの場合、自分でなんとかするほかはありません。

そんな時に家にすぐに食べられるものがあれば、このピンチはしのげます。乾麺やレトルト食品、カップ麺や缶詰、フリーズドライのスープや味噌汁など、保存がきいて調理しなくてもいい食材をいくつか常備しておけばいいのです。

最近は、少し高価ですが、**おいしくて栄養価の高い冷凍食品もたくさんありますから非常食としていくつか用意しておく**のもおすすめです。

一番気をつけたいのは、お腹がふくらめばいいからと、スナック菓子やスイーツなどを食事の代わりに食べてしまうこと。これはやめてください。成人男性の場合、夕食の代わりにビールとスナック菓子で済ませるという人も多くいますが、やはりきちんとした栄養を摂るように心がけましょう。

コンビニ食品でもヘルシーに
置き換えるだけでヘルシーに!!
生クリームスイーツ
ヨーグルト
炭酸飲料
野菜ジュース
菓子パン
おにぎり
ケーキ
カットフルーツ
夕食なら
組み合わせでヘルシーに!!
揚げもの
サラダ
おでん
おにぎり
レンジでチンして食べられるパスタ
果物

心と身体を休められるようにすること

さて、今のあなたの部屋の居心地はいかがでしょうか。家には、一日活動して疲れた心身を休め、明日もまた元気に活動するための力を生みだす癒しの場としての役割があります。これまで実家にいた時のあなたも、帰ってきて家のドアを開けると、ほっとした気持ちになったと思います。

新しい今の部屋に帰っても、実家と同じようにほっとした気持ちになっていますか。それとも、まだ新しい家に馴染めなくて、部屋で過ごしていても、何か落ち着かないでいるのでしょうか。

でも、慌てることはありません。**落ち着いて心身ともに休められる家にするためには、それなりの時間と手間がかかるのです。**あなたが居心地よいと思えるような部屋づくりを、これから始めていきましょう。

大事なのは、この部屋に安心していられること。たとえば不快な臭いや音がしていると心地よく過ごすことは無理ですよね。また、暑すぎたり寒すぎたり、湿気が多すぎるだけで、部屋に長時間いるのは苦痛になります。清潔な部屋でちょうどいい温度や湿度が保たれていることが望ましいのですが、人それぞれ気になる度合いは違うと思います。**新しい部屋にいて落ち着かないなと感じた時には、何か原因があるはずです。**まずは自分で「何が原因かな」と考えて、対処していかなくてはなりません。

寝る場所を確保する――落ち着いて寝られる場所を見つける

引っ越した時、あなたはこの部屋のどこで寝るかということについて考えてみましたか。布団かベッドかの違いはあれ、人はいったん寝る場所を決めるとずっとそこで寝続けてしまうものです。もしあなたが、今の部屋で眠りが浅かったり寝つきが悪かったりするのであれば、寝ている場所が悪いのかもしれません。ですから、**最初のうちは「ここで落ち着いて眠れたかな」と気にして過ごしてみましょう。**もし、何か気になることがあれば、もう一度部屋を見渡してみましょう。

まず寝る場所を決める時には、どの位置にどのような向きで寝ると安全かを考えます。そう広くない部屋では、物がまわりにまったくない状態は作れないですよね。でも地震などがあった時に、物が落ちて危険な場所でないかは検討してください。本棚や洋服ダンス、テレビや電子レンジが近くにあるような場所は避けてください。どうしても難しいなら、固定する道具をすぐに買って落下防止の対策をします。

次に、どの位置なら落ち着いて寝られるかを考えます。エアコンの風が直接あたりませんか。出入り口近くだと、近隣の物音が響いてうるさいかもしれません。冷蔵庫の近くも、モーター音がうるさくて気になることがあります。窓の近くは、すきま風が当たったり寒い季節には結露になったりして不快なことがあります。

また、押し入れやクローゼットなどの前に寝る場所を決めると、扉の開け閉めをしにくいため、ついつい中にしまわずに物を出しっぱなしにするようになってしまう、ということもあるのです。

文句をつけていたらきりがありませんが「この部屋ならここがベスト」という位置があるはずです。納得いくまで試してみてください。

＊「家の匂い」を「自分の匂い」に——嗅覚は落ち着きを生む

家にはそれぞれ特有の匂いがあるということを知っていますか。たとえば、あなたの祖父母の家の匂いはどうでしたか。年月が経った部屋では、埃《ほこり》っぽい臭い、カビくさいような臭いがしたかもしれません。また、毎日、仏壇にお線香をあげていた家ならばお香の匂いもしたかもしれません。あなたの家ではどんな匂いがしましたか。お母さんが洗濯で毎日使う柔軟剤の匂い、ペットをたくさん飼っている家などではそのペットの臭いがしていたかもしれません。

嗅覚というのは、とても原始的な感覚だと言われています。自分の記憶とも結びついているので、懐かしさの感覚を呼び起こすこともあります。言い換えれば、**馴染みのない匂いは、実は落ち着かなさを生むのです。**

あなたの今の部屋で、もし気になる臭いがあったとしても、風を通し、掃除をしていけば、時間とともにその臭いは取れていくはずです。

特に気になるのであれば、**雑巾での水拭き掃除をまめにすることをおすすめします。**面倒だと思っても、この水拭きはかなり効果があるのです。窓、壁、床、畳、そしてドアなど、最初の1回だけは部屋全体をしっかり拭きます。その後は台所や床など汚れが目立つところだけでも大丈夫です。水拭きして、風を通す。それだけで気になる臭いはなくなります。

そのうちに、あなたらしいあなたの生活の匂いが部屋に満たされていきます。石鹸の匂い、洗濯物の柔軟剤の匂い、化粧品やクリーム、ヘアワックスの匂いなどあなた自身が日常発していく匂いに満たされていくはずです。

家の匂いは、すなわちそこに暮らす人の生活の匂いなのです。心地よい匂いに変わっていくのなら問題ありませんが、いつの間にか、他人からすればくさい「臭い」に変わっていくようなことにはならないでください。他人が嫌がる「臭い」は意外に自分では気づかないものです。自分の部屋が嫌な生活臭に満ちていっては困ります。

✳ごみ箱を用意する――汚部屋にならないための第一歩

生活していれば、ごみは毎日、とにかく溜まっていきます。生活は、ごみとの闘いといっても過言ではないくらいです。ですから、あなたの部屋を居心地よく整えるために一番必要なのが、ごみの取り扱いなのです。

たとえば、一時しのぎでコンビニやスーパーのビニール袋にごみを入れておくのではなく、ちゃんとしたごみ箱を用意してごみを捨てている人のほうが部屋は散らからず綺麗に保てるのです。

実は、**スーパーなどのビニール袋をごみ箱として代用していると、それが「ごみ」であるという認識が失われていきがちなのです。**気がつくと部屋のあちこちにごみが入ったビニール袋が散乱しているなどということになりかねません。

ごみ箱であれば、一杯になればごみ袋に入れてごみの日に出すという意識が植え付けられていくのです。

「ごみ箱にごみを捨てる」。あなたは、実家にいる間にこの習慣を身につけていたはずですから、ひとり暮らしをしたとしても、ごみ箱さえ用意すればできるはずです。

部屋だけでなく、台所にも「燃やせないごみ」「リサイクルごみ」など分別して捨てられるようにごみ箱を置いてください。そんなに立派なものである必要はありません。

そして、ごみ箱の中身が少量でも、必ずごみの収集日にはごみを出しましょう。**溜め込んで捨てるよりも、少ない量をこまめに捨てるほうが、実はラクなのです。**

台所ごみについて——臭いの元を作らない

生活の中のごみでも、台所のごみ、つまり生ごみはもっとも気を遣うべきごみです。野菜くずや食べ残しのごみを流しのシンクのごみ受けに入れておくと、真夏だと一晩放置しただけで悪臭を放ちます。もしかしたら、夜中にゴキブリを寄せつけているかもしれません。

生ごみは面倒でもシンク内に溜めておかないようにする習慣をつけてください。寝る前には水気をよく切ってビニール袋やレジ袋に入れ、生ごみ用（燃やせるごみ）のごみ箱に入れておきます。生ごみを入れるごみ箱は蓋付きの物が、衛生面で安心です。

また、**生ごみは、決して部屋にある紙くず用のごみ箱に入れてはいけません。**アイスクリームやデザートの容器も同じです。水分がしみ出して汚れ、臭いが取れなくなるほか、虫が寄ってくる原因にもなります。

ごみの出し方と出す時間——近所の目を気にする

ごみ出しは、生活する上でもっとも気を遣わなければなりません。でも、しっかりルールを把握すればそんなに難しいことではありません。あなたは、これから生活する自治体のごみの分別方法について、ちゃんと確認したでしょうか。

ごみ出しのルールは、住む自治体によってかなり違います。たとえば、有料のごみ袋を買って、その袋に入れたごみしか回収してくれないという地域もあります。市販の袋でもＯＫだけれど半透明でないとだめな地域もあります。プラスチックごみなど資源ごみを細かく分別していたり、缶やビンは、自治体が決めたカゴに綺麗にすすいでから入れるなど、捨て方を決めている地域もあります。また、当然、曜日によって回収するごみの種類は違います。

自治体のホームページを検索すれば、ごみの回収方法について知ることができます。町内会や自治会に入れば、分別表をくれることもあります。まずは、自分できちんと調べて出すようにしてください。

ごみ出しはご近所とのもっとも濃い接点です。ごみをきちんと出しているだけで、ご近所さんはあなたを信用してくれます。「見られているなんて鬱陶《うっとう》しい」と思わずに、「見られているぶん、しっかりしよう」と自分を律してみてください。

ごみの出し方にも少し気を配る必要があります。たとえば、焼き鳥の串など尖ったも

生ごみの捨て方
生ごみ専用ネット
三角コーナーなど
水気をよく切って…
ビニール袋に入れて生ごみ用のごみ箱へ
おすすめ生ごみ用ごみ箱
100均でも買える
蓋付きバケツ
ペダル式密閉ごみ箱
臭いを出さないことが大事!!

のは収集する人が怪我をしないように、折るなりくるむなりしてからごみ袋に入れる、生ごみから水分が漏れだして悪臭を放たないように、水気は十分切ってからごみ袋に入れるなどです。駅に向かって歩きながら、ポイと投げ捨てるように出していくのもNGです。

また、**人のためだけでなく、自分の安全のためにも、ごみを捨てる時には注意しましょう。**たとえば、郵便物は、住所や名前が見えないように捨てる、自分の通っている学校や会社が特定されるようなものはなるべく分からないように捨てるなどです。特に女性の場合は、下着や見られたくないものは、紙袋などにいったん入れてから捨てるようにします。

また、必ず決められた時間にごみは出しま

しょう。特に夜間は禁止されている地域が多いので、もし、きちんとした時間が設定されていないのなら、朝、何時からごみを出しているかなど、まずは、近所の人のごみの出し方を見ておきましょう。**特に、缶やビンを捨てる時に音を出して近所の迷惑にならないように**心がけてください。

引っ越しのための段ボール箱も少しずつ空いてきたのではないでしょうか。段ボール箱はしっかり畳んで、空いたらすぐ、資源ごみに出しましょう。3週間過ぎても部屋に段ボール箱があるようでは、ちょっと長すぎますよ。

段ボールも「ひもでたばねて」「伝票ははがして」など出し方がありますので、自治体のルールを確認してください。

生活リズムを整える――早寝早起きリラックス

あなたひとりの部屋では、何をしても、何時まで起きていても誰も文句を言う人はいません。部屋の中でどんな服装でいても、誰にも怒られることはありません。だから、ひとり暮らしを始めると生活リズムが崩れがちになってしまうのです。

生活リズムが崩れると、心も身体もしゃんとしないばかりか、社会生活に支障をきたします。朝は少なくとも8時までには起きて朝陽を浴び、夜はその日のうちに布団に入ってしっかり睡眠を取る。**少なくとも7時間ぐらいは睡眠時間を取るように自己管理をしましょう。**もちろん、そんなことを言ってはいられない時も来るでしょうが、自分なりの基本のリズムを今のうちに作っておくつもりでいてください。

また、疲れたからといって、外出したままの服を着替えずに寝てはいけません。外の埃や汚れで寝具が汚れるだけでなく、身体をリラックスさせることができません。寝る時は身体を清潔にし、ゆったりした寝間着や部屋着に着替えるようにします。

ひとり暮らしだとシャワーだけで済ませることが多いようですが、時間があればなるべくバスタブを使ってお湯に浸かりましょう。身体をしっかり温めると疲れが取れるし、神経が休まって眠りが深くなります。近くに銭湯があれば、利用してもいいでしょう。

✳ 分からないことはすぐに解決する——分かっている人に聞く

部屋の掃除の仕方、ごみの出し方、もちろん料理の仕方など、分からないことや困ったことがあったら、その場で解決するようにしてください。まとめて後で調べようと思っていても忘れてしまって、同じ場面に出くわして「しまった、調べておけばよかった」ということになります。**結局、分からない時にその場でひとつずつ解決していくほうが自然に身につくのです。**

今では、インターネットの情報サイトでいろいろな家事についてのアイデアが紹介されています。自分でできることを選んで実践してみるのもいいでしょう。でも、やはり**生きた智恵を持っているのは、人生の先輩である人たち**です。面倒がらずに、まずはお母さんや誰か家事のできる身近な人に聞いてみてください。

身なりを清潔に保つということ

清潔な人は、人から信用されます。逆に、不潔だと思われたら、自己管理ができていない、つまり信用に値しないとみなされてしまいます。ひとり暮らしをするようになって、忙しいことを理由に身なりを気にしなくなっていませんか。

何日も同じ服を着てしまう、ついつい忙しくて、誰からも「お風呂に入りなさい」と言われないから、お風呂に入らずに過ごしてしまう。それでは、あなたが気づかないうちに人が不快になる悪臭を放ってしまいかねません。また身体から放つ悪臭だけでなく、掃除していない部屋で過ごしていると、その部屋の悪臭までも身につけてしまうことになります。**こんな生活が少しでも続くと、自分では気がつかないうちに周囲からは「不潔な人」というレッテルを貼られてしまいます。**

清潔を保つといっても、今までのようにお風呂で身体や髪を洗う、歯を磨くなど、自分の身体のことだけを考えていれば済むわけではありません。

汚れた衣服は洗濯し、その衣服を次に着るために畳んだりハンガーに掛けておく。部屋の掃除や換気をして、部屋に生活臭が染みつかないようにする。こうした毎日の生活の積み重ねがあなたを「清潔な人」にしてくれるのです。

神経質になる必要はありませんが、忙しいから、面倒だからと「このくらい大丈夫」と見て見ぬふりをしてはいけません。ひとつひとつは気がつかない程度の気のゆるみですが、それが重なると、ある時から急激に清潔感が失われていきます。

✳鏡を置く——身だしなみは他人の目になりチェックする

あなたの今の部屋には鏡がありますか。「人の振り見て我が振り直せ」と言うように、自分の姿は自分では分からないものです。他人の目が自分をどう捉えているかを確認するために必要なのが鏡です。

実家には家族で使う鏡があったでしょうが、新しい部屋にはどんな鏡があるでしょうか。洗面所についている小さな鏡だけではありませんか。これだと顔しか見えないですよね。

ひとり暮らしだからこそ、**自分を客観的に見るために、全体の姿が映るようなある程**

度大きめの鏡を置いてください。

出かける前にはあわただしくても、髪に寝癖がついていないか、服がくしゃくしゃでないか、襟元が曲がっていないか、下着が透けていないかなどを必ずチェックしましょう。また時にはじっくりと自分の姿を映して、寝不足で顔がむくんでいないか、食事が偏っていて肌が荒れていないかなども、他人の目になって確かめておきましょう。

言うまでもないことですが、歯磨き、洗髪、爪切りなど今までやっていたような日常の身だしなみは、たとえひとり暮らしとなり、うるさく注意してくれる親がいなくても続けていってください。

＊衣服を洗う——汚れは時間とともに定着する

ひとり暮らしでは洗濯物の量が少ないので、洗濯が面倒になるかもしれません。けれど、きちんと洗ってある衣服は清潔感の大前提です。肌に直に触れる肌着や靴下などは、見た目に汚れていないように見えても、汗や皮脂で汚れていますから、毎日取り替えます。夏の時期は特に、上着のシャツやパンツ類も毎日替えないと汗が染みになります。

自宅に洗濯機を置く場合は、できれば汚れた洗濯物を入れる専用のカゴやランドリーバッグに入れるようにします。**やってはいけないのが、洗濯するものを、洗濯機に直接入れてしまうことです。**「どうせ、明日洗濯するし」と思っていても、汚れた衣服から雑菌が繁殖し、洗濯槽そのものにカビが繁殖してしまうことがあります。不衛生なのでやめましょう。

また、脱いだ衣服を、部屋の床や椅子の背中にかけたまま放置する癖をつけてしまうと、いつの間にか洗濯する必要のある衣服の山ができてしまいます。一見、汚れていないようでも、積んでおくと汗や汚れから発する悪臭が部屋中に漂うことになります。

さらに洗濯して綺麗になった服を、汚れた衣服の山の近くに積んでおくと、汚れたものと綺麗なものの区別さえつかなくなってしまいます。これまで親がやってくれていたように「きちんと綺麗に畳んで引き出しにしまう」までは無理だとしても、下着はここにしまう、シワにしたくない服はハンガーに掛けておく、などと自分なりのルールを作っておけば、衣服の山がいくつも部屋にできることはありません。

また、**毎日洗濯するのは無理なら、週に2回は洗濯する、などと決めておくと良いでしょう。**洗濯は溜めてしまうと、かえって億劫《おっくう》になりがちです。少しの量のほうが干したり片づけたりも楽なので、かえって気軽にできるものです。
最近は、おしゃれなコインランドリーも増えています。週末にまとめて洗うのなら、こうしたランドリーを利用するのもいいですね。何週間も溜め込んで「着るものがなくなってしまった」などということにだけはならないようにしてください。

✻衣服の干し方・しまい方——洗濯物は干したように干しあがる

洗濯をすれば、衣服は干さなくてはなりません。コインランドリーで乾燥まですべてやってしまえばいいと思うかもしれませんが、衣服の中には乾燥機に入れてはいけないものもあります。

干す時に大切なのは、濡れているうちに形を整えることです。ハンガーで干す場合は、両方の手のひらを使って衣服をはさみパンパンと強めに叩いてシワを伸ばします。襟ぐりや袖口も同じように叩いてシワを伸ばしておきます。タオルやパンツなど下着類は、干す前に何度か強く振ればシワが伸びて、ゴワゴワになるのを防ぎます。ピンチハンガーに干す場合は、クリップを2個使って広げて干すようにします。

洗濯物は干した時の形そのままに干しあがってしまいますから、干す時にしっかりシワを伸ばしておくと着る時に困らないのです。

ひとり暮らしをしていると、帰宅時間の都合や安全のために部屋干しをすることも多いでしょう。そんな時、**ついやってしまうのがカーテンレールに洗濯物のハンガーを掛けてしまうこと。ですが、カーテンレールは物干竿ではありません。**カーテンレールは重みですぐに曲がってしまいます。また、カーテンは実は埃で汚れていることが多いので不衛生なのです。さらに、濡れたものを何時間も掛けておくことで、カーテンが湿ってカビてしまうこともあります。

部屋干しする場合は、ハンガーラックや突っぱり棒を用意して、窓側や通気の良い所を「部屋干しの場所」に決めましょう。「部屋干し臭」という言葉を聞いたことがあるかもしれませんが、これは、生乾きのまま何日間も放置していることで、洗濯物に雑菌が繁殖してしまうことで起こるのです。太陽の紫外線は殺菌作用がありますから、外で乾かすことができれば雑菌は繁殖しません。ですから、もし、部屋干しせざるをえないなら、生地の厚いもの、乾きにくいものはコインランドリーの乾燥機などを利用し、な

洗濯する時の注意

白いもの・色ものは
別に洗う
くつ下など臭いがあれば
バケツで水洗いしてから
洗濯機へ
形くずれしないように
干す
タオルは干す前に
よく振ってから
ピンチハンガーなどで
干す
振ってから
干すと
ゴワゴワに
ならない!!
パンパンと手で叩く
干したら手のひらで
よくシワを伸ばす

洗剤などの種類

洗濯用洗剤
漂白剤
柔軟剤

るべく乾きやすいものや下着などだけを部屋干しにするといいですね。

また、乾いた洗濯物をそのままにして濡れた洗濯物を干すと、せっかく乾いた洗濯物までも湿ってしまい臭いを放つこともあります。乾いた衣服は別のハンガーラックに移動するか、クローゼットや収納ボックスにしまいます。引き出しにしまうのが面倒ならば、下着類や靴下類は分けてカゴに入れるだけでもいいのです。

面倒に思えるでしょうか。でも、これまでは親が決まった手順でやっていたことなのです。親と同じようにする必要はありませんが、ひとり暮らしだからこそ、面倒くさがらずに自分なりの決まった手順を作って実行するほうが、あなたの暮らしはラクになりますよ。

家の臭いの元を取る——生活臭は自分では分からない

先に、家の匂いを自分の匂いに変えていくというお話をしました。あなたの部屋が、自分が心地よいと思う匂いに変わっているのならば、ひとり暮らしがうまくいっている証拠であるとも言えますが、もし、お友達があなたの部屋に来て、「なんか臭うな」などと不快に感じてしまったら要注意です。あなたらしい生活の匂いがもしかしたら、他の人にとっては不快な臭いになっているのかもしれません。

どんな家にも人が生活している以上は「生活臭」があるのです。もし、あなたが喫煙者で部屋中にタバコの臭いがするのであれば、他人から不快に思われないようにマメに換気をする。たまにはカーテンを洗濯するだけで臭いは軽減されます。またカビくさい臭いや埃っぽい臭いは掃除していないことで発生する臭いです。それらの部屋の臭いが衣服にまで染みついてしまうほどの悪臭にならないようにするために、部屋を清潔に保つ必要があるのです。

臭いの「元」の多くは、汚れた衣類の皮脂や、台所から出る油汚れ、生ごみなどから発生します。家の臭いを取るために消臭剤や芳香剤を使う人もいますが、臭いを軽減することは可能でも汚れを取ることはできませんから、一時的に効果があっても、根本的に臭いを消すことはできないのです。また長期間使うと、やはり化学薬品なので家に蓄積して、体質によっては体調を崩すこともありますから注意が必要です。

先にも述べましたが、私は、臭いを取るのにもっとも適しているのが拭き掃除だと思っています。日本では、昔から、箒《ほうき》でごみを取った後に雑巾がけをするのが、家の中の掃除の基本でしたが、この方法は高温多湿の日本にとって、とても有効な掃除手段なのです。今ではフローリング専用の使い捨てシートなどがありますが、薬剤が使われていることもあり、私は、なるべくなら水拭きで掃除することを推奨しています。また、お金もかかりませんしね。

やり方は簡単です。**水で洗った雑巾を固く絞り、手や身体の触れる床、ドアやドアノブ、壁などを拭きます。それだけで、汚れだけでなく、臭いも取れるのです。**

この拭き掃除に適しているのは、温泉旅館でもらったような薄手タオルや着古したTシャツなど、水洗いしやすい木綿のものです。わざわざ雑巾を買って用意しなくても、部屋にあるものでかまいません。

また、**雑巾は、汚れたらすぐに洗いましょう。**汚れた面で拭き続けると、かえって汚れをほかに移してしまいます。ひどい油汚れなどを掃除する場合は、いらなくなったTシャツや使い古したタオルなどのぼろ布（ウエス）で拭き取ってそのまま捨てるといいでしょう。もし、捨てるTシャツなどがあれば、小さく切っていらない箱などに入れておくと、気がついた時に汚れを拭き取って捨てられるので便利ですよ。

✳ 布団や寝具について——敷きっぱなしは不潔の元

あなたは起きたら布団はどうしていますか。畳の部屋で、広く使いたい人ならば、きちんと畳んで押し入れにしまっているかもしれません。が、ひとり暮らしだから誰も見ていないし、とそのままになっている人も多いのではないでしょうか。でも、布団は、敷きっぱなしにしてはいけません。特に**フローリングや畳の上に布団を敷いている場合は、通気性が悪いので、カビやダニが発生しやすくなります**。また、布団の綿が湿気などで固くなって、寝心地が悪くなったりするのです。

布団を押し入れに入れるのが面倒ならば、起きたら布団を床に畳んでおくだけでいいのです。その時に**布団を思いっきり振ってから畳めば、風があたりそれだけで埃も落ちます**。ベッドの場合は、起きた後に掛け布団を畳んで敷布団やマットを空気に触れさせます。寝具を清潔に保つには、なるべく空気に触れさせることが大事です。

また、**休みの日にもし晴れていたら5分でもいいので布団を陽に当てましょう**。長時間干さなくても大丈夫。少しでも日光に当てることができれば、布団はかなり清潔に保つことができます。ベッドの場合も、寝具をどかしマットなどに空気が十分触れるようにします。

ベッドは意外に埃がたまりやすいので1週間に1回ぐらいは専用のノズルなどで掃除機をかけてください。また、枕カバーやシーツは、下着と同じく汗や皮脂などで汚れます。1週間から2週間に1回ぐらいは洗濯し、清潔にしておくといいですね。

✳掃除の手順——「小さな掃除」が部屋を清潔にする

ひとり暮らしだと、毎日掃除が必要なほどは汚れないものです。ただし、片づけは話が別で、こちらは毎日やらなくてはなりません。ただ、もう少し生活が落ち着いてからのほうが考えやすいので、このお話は後に回しましょう。

まず、掃除ですが、**目安は少なくとも1週間に一度です。休みの日は「掃除の日」と決めてしまうのがおすすめ**です。もちろんお休みの日には予定もたくさんあるでしょうから、お休みの日の30分、または15分を掃除に当てれば十分です。

掃除を簡単に済ますために有効なのが、毎日の暮らしの中の「小さな掃除」です。たとえば、洗面台に髪の毛が落ちている、台所の床に汁物を落とした跡がある、テーブルの上にコップの輪染みがついている、玄関に泥が落ちている、など、気がついた時に台拭きやぼろ布でさっと拭くだけです。こうした「小さな掃除」は週に一度の掃除を格段に楽にしてくれます。

「掃除の日」には、「上から下へ」の順番で、タンスの上、本棚の上、テーブルの上、最後に床の上を掃除します。床より上は埃の汚れなので、市販のダスターや昔ながらのはたきなど、自分にあった掃除用具を使って、塊《かたまり》になる前に埃を落としてしまいます。埃を落としたら、次は床です。床は、見た目で汚れていないようでも、実は埃や細かいごみ、髪の毛が落ちています。まず、床の上の物をテーブルの上などに移動して、それから一気に掃除機や箒で掃除してください。物を移動させながら掃除をすると、かえって手間がかかりますよ。

✳忘れがちな場所の掃除——見て見ぬふりを癖にしない

自分の部屋で暮らしてみて、つい掃除を忘れがちな、あるいは見て見ぬふりをしたくなる場所があることに気づきましたか？　たとえば風呂場や台所のシンクの排水口、ガス台まわり、トイレの便器などです。

風呂場の排水口が詰まって水が流れにくい。シンクの排水口が油汚れとぬるぬるで悪臭を放ってきた、ガス台がベタベタになった、便器に汚れがついている……。それらが嫌で、台所で料理をしなくなったり、トイレを我慢するようになっては困ります。

今までこうした場所を一度も掃除したことがない人にとっては、そもそも汚れていることに気がつくこと自体ハードルが高いかもしれません。また、常にこれらの場所を気にしていなさいというのも無理でしょうから、最初のうちは、週に一度の「掃除の日」の時に必ずチェックするようにしてください。そのうちに、たとえば風呂に入ったら、床のカビや排水口に目が行く癖がついてくるものです。

お風呂は床などを洗っていないと、ピンクの水カビでヌルヌルしてきますから、気がついたらブラシでちょっとこすって水を流してみてください。排水口が詰まっていたら、ごみを捨ててブラシをかけておきます。台所が油でテカテカしているようなら、ぼろ布などで拭いておきます。また玄関は、毎日使っているのに気にしない場所になりがちです。玄関の砂埃は家の中に入ってきますから、まず履いていない靴を片づけてから箒で掃きます。その時に玄関の外にも気を配って綺麗にしておくと、近所からも認めてもらえるようになりますよ。

健康を保つということ

親元から離れて暮らすことになると、自分の健康管理は自分でしなくてはなりません。これまで、「早く寝なさい」「ちゃんと野菜を食べて」などと言われ、内心「うるさいな」と思っていたかもしれません。改めて思い返してみてください。共に暮らす家族からの言葉は、あなたの身体を気遣うものであったはずです。

今は、**あなた以上にあなたの身体を気遣う人はもういません**。自分で「今日は疲れたから早く寝よう」「最近インスタント食品が多いから、サラダでも買って食べるか」と、健康管理の意識を持って暮らさなければなりません。

言い換えれば、それが一人前になるということです。家族から守られ育《はぐく》まれていた子どもから、自分で自分のことができる自立した大人へ。そしてその先には、誰かを守り育む、大人の深く豊かな人生が待っていることと思います。

＊身体の不調を感じたら──サインを見逃さないで健康を保つ

あなたには、何かあると最初に調子が悪くなるところがありませんか。物ごころついた時から、いつも「ここが私の弱点」と思っているようなところです。たとえば、「ストレスを感じるとお腹を壊す」「喉が弱くてすぐに風邪をひく」「疲れると蕁麻疹《じんましん》が出やすくなる」「季節の変わり目になると鼻や耳の調子が悪くなる」など、病気とまではいえない身体の不調です。

そのような不調は、身体からの「休みたい」というサインです。今は、生活リズムが大きく変わっている時期。いわば身体も頭も心も、緊張し続けている状態です。いつもよりも疲れやすく、ストレスを感じやすい時期なのだと考えてください。そして、**身体からのサインをいつもよりもしっかりと受け止めて早めに対処するようにしましょう。**

これまで、だるくても、親に「顔が赤いけど、熱があるんじゃない？」と言われるまで気がつかないとか、喉が痛くても「すぐ治る」とほうっていたことなどありませんか。そういう人は、ひとり暮らしをしていても、自分が体調不良だと気がつかない場合があるようです。少し疲れていると思ったら、まずは体温計で熱を測る。そして、37度5分以上あるなら暖かくして寝る。38度以上あり、下痢や吐き気などがある場合は病院に行くなど、自分の身体のケアをしてあげましょう。

このように不調を感じたらまず、**薬を飲むなり医者に行くなりする対処も必要ですが、もっと大切なのは生活を見直すことです。**

いつの間にか不健康な食生活をしていたり睡眠不足に陥っていたりしていないですか。新しい環境や人間関係の中で、知らず知らずストレスが溜まっていて、疲れが取れていないのではないですか。新しい部屋の寝る場所が、温度や音などで深く眠れないような位置になっているのではないですか。

生活を見直さないまま不調をやり過ごしていると、ひとり暮らしを続けていくことそのものが重荷になってしまうかもしれません。こうした不調の原因は、早期に取り除くようにしましょう。

＊命に関わる症状——迷わず救急車を呼ぶ

まわりに誰かがいれば、病気や怪我で急激に症状が悪化しても助けてくれるでしょうが、ひとり暮らしの場合は自分だけが頼りです。具合が悪くなって動けなくなる前に、早めに対処するように心がけてほしいのです。自分で歩けるうちに、「もったいない」と思わずにタクシーを使ってでも病院に行きましょう。急を要する場合もあるので、命はお金には代えられません。

特に注意したいのがアレルギー反応です。急激に引き起こされる全身性の強いアレルギー反応のためにショック状態に陥るアナフィラキシー・ショックという症状も、よく知られるようになってきました。

あなたには何かアレルギーはありますか。アレルギーがある人ならば、自分が何に気をつけなくてはならないかは知っていると思いますが、**生活が変わった時に**、**今まで大丈夫だった食物がアレルギー反応を引き起こすこともあります**。今までとは違う環境で、たとえば掃除しなかったために、埃やカビなどが原因でアレルギーを引き起こすこともあります。

アレルギー症状である蕁麻疹や喘息《ぜんそく》は、命に関わる場合もあります。**呼吸困難や目が回ったりする症状が出たら、迷わず119番をして救急車を呼びます。**アレルギーは急

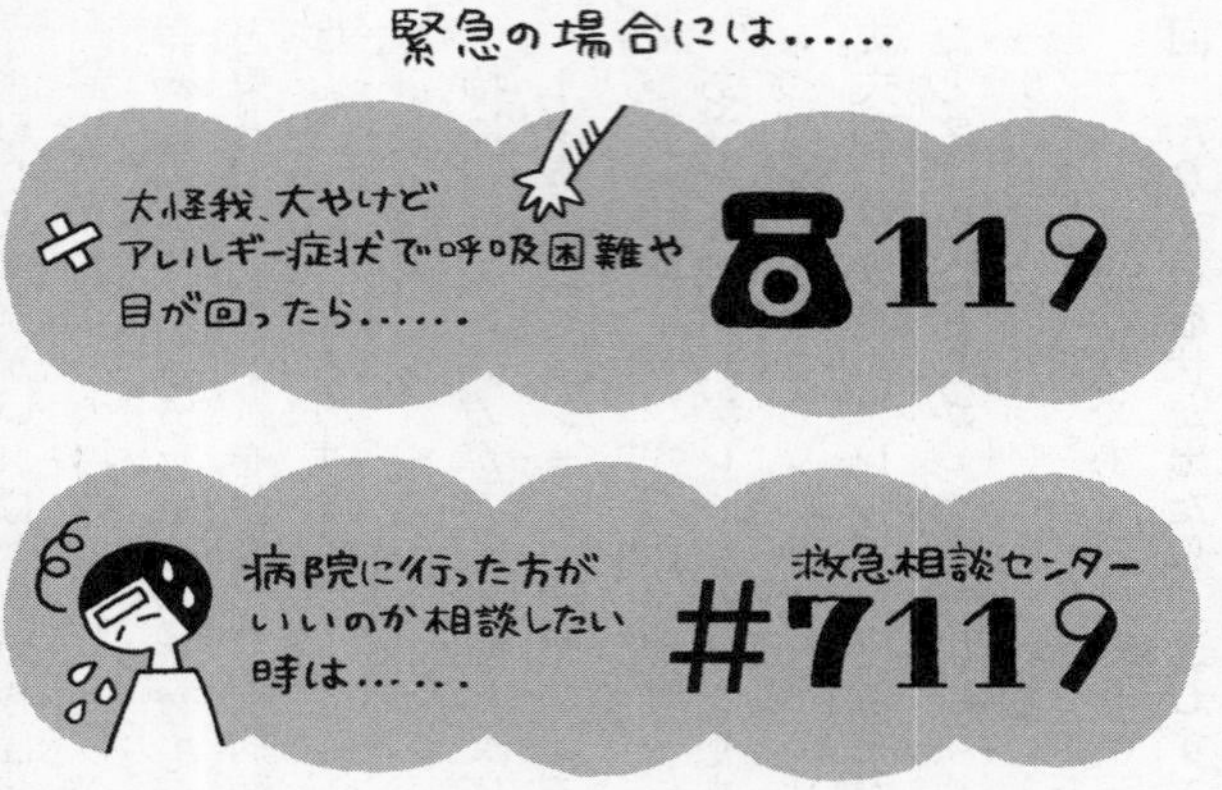
緊急の場合には……
大怪我、大やけど
アレルギー症状で呼吸困難や
目が回ったら……
119
病院に行った方が
いいのか相談したい
時は……
救急相談センター
#7119

＊＃7119の電話相談をしているのは、一部の自治体です。なお、救急相談センターという名称以外のところもあります。

激に病状が進行しますから、意識がなくなった時のために玄関の鍵は外しておいて、入り口近くにいてすぐに救急隊員に対処してもらえるようにしてください。保険証はお財布の中などに入れて、いつも携帯できる状態にしておくと安心です。

　次に高熱が出た場合です。原因が何であっても何日間も高熱が続けば、自分で自分のケアをするのはたいへんです。脱水症状などで危険な状態になることもありますから、何日間も容体が改善しない時は、実家に連絡して誰かにきてもらうか、もしくは自分でタクシーを呼んで病院に行ってください。辛い咳が出て肺が痛くて動けないようなら、肺炎の恐れもあります。早めに対処しておかなくてはなりません。

また、腹痛や吐き気も気軽に考えないでおきましょう。激しい痛みで身体を丸めて耐えなければならない時や、冷や汗が出て震えが止まらないような時は「お腹を壊したのかも」などと軽く考えず、すぐに病院へ行きます。**食中毒や盲腸、腸閉塞、腸捻転など、健康な人が突然なる病気でも、命に関わるものはたくさんあります。**重篤《じゅうとく》になる前に、ぜひ病院に行ってください。

そして、怪我。刃物で指を切る程度のことでも出血が止まらないようなら、動脈を切っている場合もあります。また、半日から1日で急に皮膚が痛み出して、どんどん腫れてきたような時も、内側で感染症が進んでいることがあります。症状が進んでいく場合は、軽く考えないで、とにかく病院で診てもらってください。何でもなければ安心だし、処置は早ければ早いほうが、症状も軽く治りも早いものです。

常備したい薬——分かりやすい場所にまとめて置く

ちょっと思い出してください。あなたの実家の「薬箱」には何が入っていましたか？　それと同じようなものは、今あなたの部屋にありますか。

もちろん医薬品は決して安くはないので、実家と同じようにすべての薬を用意するというのは無理だと思います。だから、風邪気味の時に服用する風邪薬、頭痛や発熱時に使う解熱鎮痛剤、胃やお腹が痛い時に服用する胃腸薬などの基本的な薬を、まずは置いておきましょう。

また、慣れないひとり暮らしでドアに指を挟んだり、包丁で指を切るなどの怪我をすることもあるでしょう。小さな傷をほうっておいて炎症がひどくなることもありますから、怪我をした時にすぐに対処できるように消毒薬と傷薬、そして絆創膏ぐらいは用意しておきましょう。

そして、**大切なのはこうした常備薬はすぐに手に取れるように、分かりやすい場所にまとめて置いておくこと**です。立派な薬箱は必要ありません。カゴでも箱でもいいですから、まとめて収納しておきます。必要な時にすぐに見つからないと、二度買いして無駄な出費になってしまいますよ。

お金を管理するということ

あなたは生活費をしっかり管理していく自信はありますか。ほとんどの人が、親という金銭的な支えがあったため、お金に対する危機感をあまり感じてこなかったのではないかと思います。自分の欲しいものを買うためにアルバイトでお金を貯める、友達と遊びに行くために、親からお小遣いの前借りをする。お金に関わった経験は、せいぜいこんなところでしょうか。

これからは、社会人なら毎月の給料、学生なら親からの仕送りやアルバイト代で、生活全般のやりくりをしなくてはいけません。あたりまえのことですが、生活を支えるのはお金です。無計画に使っていると、生活自体が成り立たなくなります。無駄遣いをしない、衝動的な出費を抑えるなど、お金についての意識を常に持つことが基本です。

日常の電気代、水道代、通信費など、**生きるためにはほとんどすべてのことにお金が必要だという事実も、しっかり把握してください。**あなたが使った分だけ、お金は払うものなのです。

✳支出を管理する——払うべきものを払っておけば生活は成り立つ

ひとり暮らしを始めてみたら、あらゆることにお金がかかるということを実感したのではないでしょうか。特に食費。外食を続けているとあっという間にお金がなくなります。また、親の干渉から自由になって、趣味にお金をつぎ込んだり、好きな服を買い込んだりしていては、すぐに生活費は足りなくなります。

はじめのうちは、**自分のお金の出入りをしっかり把握したり貯蓄したりするというよりも、支出を管理するつもりで生活してみましょう。**とにかく「払わなければならないお金」が払えれば、生きていけます。

また、それらの**払わなければならないお金は主に月末にまとめてやってきます。**家賃、水道・電気・ガスなどの光熱費、携帯電話などの通信費。何にいくら必要か、あなたは今言えますか？ もしかしたら、親がアパートを契約したために、家賃の額を知らない人もいるかもしれません。でも、こうしたお金はしっかり管理する必要がありますから、改めて確認しておきましょう。

金銭管理が得意な人は家計簿をつけてみるのもおすすめですが、忙しいなかで、細かい入出金まで記録しておくのはたいへんだと思います。ですから、**最初の1か月だけ、レシートを取っておいて集計してみる方法を私はおすすめします。**また、今はスマホにも家計簿アプリがありますので、それに入力するのもいいでしょう。

食費や消耗品（トイレットペーパーや洗剤・石鹸・シャンプーなど）がいくら必要なのか、光熱費はどのくらいかかるのか、また交通費や友達との付き合いで出るお金はどのくらいなのか。1か月、自分はこんなふうに生活しているんだと発見できるはずです。この1か月のお金の使い方を知っておけば、お金が急に足りなくなったり、生活に困るようなことはなくなっていくはずです。

✳ 足りないものは足りないままで工夫——必要なものが分かるのは上級者

ひとり暮らしを始めて3週間ぐらい経つと「実家にあったような電気ポットがあると便利だろうな」「本棚が欲しいな」など、欲しいものが出てくるかもしれません。しかし、今まであなたが暮らしてきた実家は、親が何年もかけて暮らしやすく整えてきた家です。それと比べると、足りないものや不便なところだらけに思えてもしかたがありません。

新しい部屋での生活はまだまだこれからです。自分の生活パターンが分かって、部屋での過ごし方も決まってきた頃に、「やっぱり電気ポットを買おう」と決めたり、「部屋が狭くなるから本棚はなしにしよう」と、自分なりに欲しいものを変更していけばいいのです。

気をつけたいのが思いつきでものを買うことです。**欲しいからとすぐに手に入れてしまうと、捨てるに捨てられないもので、狭い部屋があっという間にいっぱいになってしまいます。**その分のお金がもったいないだけでなく、場所をふさぎ、生活しにくい空間になってしまうでしょう。

足りないものは足りないままで、工夫しながら生活してみてください。2、3か月経ってもやはり不便で欲しい気持ちが続いていたら、その時に手に入れるようにしましょう。

✳食費は削ってはいけない——健康を削って楽しみを買ってはいけない

十分とはいえない生活費で生きていく時に、もっとも調整が利くのが食費です。食材を買って調理して上手に使えば、ひとりなら月に2万円も使わずに生活できるでしょう。1日1000円つまり月3万円あれば、たまにファストフードやファミレス、コンビニ弁当を取り入れながら気楽な食生活ができます。でも、ファミレスや居酒屋などで週に2、3回外食するなら、月に5万円くらいかかってしまうかもしれません。もちろん、ひとり暮らしでも、食に質や喜びを求めていれば、もっと使う人がいても不思議ではありません。

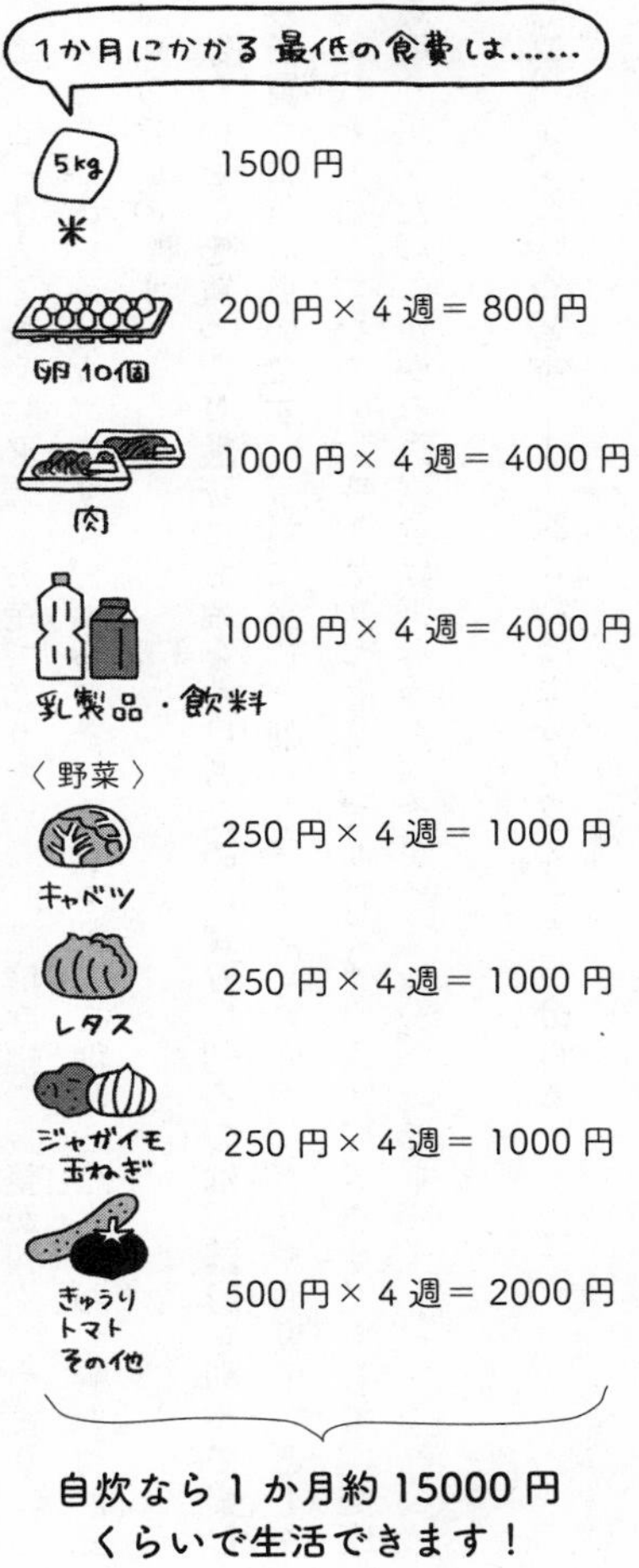

食費は、生きるために必須のお金でありながら、結構な幅で調整が利く、つまり「のりしろ」が広いお金なのです。だからこそ、食費を削って他にお金をまわす癖をつけてはいけないのです。

欲しいものを買ったり趣味にお金をかけるために食費を削るのは、健康を削って楽しみを買うようなものです。手軽に食費を削ろうとコンビニのおにぎりやお菓子などを食事の代わりにしていたら、手軽さのつけとして身体の不調が出てきます。そして、健康を取り戻すためにかかる医療費は、もっと高くなってしまうのです。

✳人を頼る智恵——誰に頼ると安心なのかを見分ける

人生の経験が豊かになってくると、「困った時はお互いさま」「武士は相身《あいみ》互《たが》い」といった言い方で、助け合う智恵が備わってきます。けれどあなたはまだ若いのだから、助けを求めるのは恥ずかしいと思うかもしれません。

でも「たいへんな時には、人を頼ればいい」。そう心に留めておいてほしいと人生の先輩である私は思います。ただ、その時に、**誰に頼ると安心なのか、誰に頼ると後々リスクが高いのか、を見分ける智恵が必要です。**

お金が足りない時に、頼って安心なのは親だけです。本当に困ったら、まずは親に相談してほしいと願っています。親に言えないようなお金は、他から借りるともっと危険だということを忘れないでほしいのです。

親以外から借金をしてはいけません。カードローン、キャッシング、消費者ローンなどは、絶対に頼ってはいけません。友人から借りるなども、言うに及ばずです。金銭の貸し借りは、確実に信頼関係を壊す原因になります。

一方、**食事については上手に人を頼ってください**。食費を切り詰めてしのごうとしている時には、友人や先輩を頼ってみてもいいのです。特に、同年代の子どもがいる母親は、他人の子でも我が子のように心配なもの。実家で生活している友人に、「ごはん、食べさせて」と言えば、友達の母親は喜んでお腹いっぱい食べさせてくれるでしょう。あまり頻繁だと迷惑になるけれど、本当に困った時なら大丈夫ですよ。

冒頭でも書いた通り、**自立して生きていくために必須の力は、他者の支援を受ける力です**。「自分でなんとかしなければ」と努力するのはすばらしいけれど、「なんでも自分でなんとかできる」と思うのは無知というものです。さらに事態を悪化させることになっては周囲が迷惑します。

ひとり暮らしの時期は、失敗も含めて人生を知る時期。困ったら、人を頼る強さをもってください。

財布に入れておくべきお金——現代版「肌付きのお金」のすすめ

あなたはお金をどうやって管理していますか。財布の使い方は、お金の管理の仕方につながっていきます。家庭をもったら自分用の財布と家計用の財布を分ける人が多いのですが、ひとり暮らしのあなたはひとつの財布、ふたつの財布、どちらがやりやすいでしょうか。

おすすめなのは、家賃や光熱費など月末にまとめて出ていくお金は別にしておいて、**食費や交通費などの日常のお金は、1週間単位で銀行から引き出して財布に入れておくやり方です。**

たとえば1週間に一度1万円を下ろしてそのお金で生活します。もし1週間分を下ろしても数日で使い切ってしまうならば、たとえば月曜日と金曜日に5000円ずつ引き出すと決めて、財布に入れておくのでもいいでしょう。また、銀行のATMは平日の昼間は手数料がかかりませんが、週末や祝日、夜間などでは手数料がかかることがありますから、そのあたりはしっかり調べておいてください。

特にコンビニのATMでは手数料が高いこともあります。気がついたら月に1000円も手数料を取られていたなどということがないようにしてくださいね。

さて、あなたは「肌付きの金」という言葉を知っていますか。昔の人が旅に出る時、何かあった時のため衣服に縫い付けておいたお金のことです。つまり、困った時のために必ず現金を用意しておくのが日本人としての美徳だったのですね。

ひとり暮らしだと、実家にいた時のように親や兄弟などに「ちょっとお金貸して」とは言えませんよね。ですから、**財布とは別に家のあちこちに「いざという時のお金」を置いておくのがおすすめです。**金額は少額でいいのです。定期の中に1000円、買い物用のバッグのポケットに500円、鍵を置くトレーに500円など。普段は使わないようにして、困った時に探すと一食分くらいのお金が出てくるようにしておくと、いざという時に安心ですよ。

✳買い物ではお金をチェックする習慣を——社会人の常識として

文房具を買ってレジで会計した時に、「値段がこんなになるっけ?」と思いながら払ってしまい、家でレシートを見たら数を打ち間違えられていた。コンビニでなにげなくお釣りを受け取って後で財布を見たら、100円足りなかった。値札を見ずに果物を買い物カゴに入れ、レジで値段を知ったら一食分の食費に相当していたけど、戻すのは恥ずかしいから買ってしまった。袋入りの玉ねぎを買って、家で使おうとしたら1個だけ腐っていた……。生活をしていると、お金の小さなトラブルはつきものです。

気がついた時に、言葉や行動に出して相手に伝えるようにするのも、社会人として大事なこと。レジの打ち間違いはレシートを見せて返金してもらう、腐っていた玉ねぎは持って行って交換してもらうなど、面倒がらずに行動してみてください。

細かいお金にこだわるのは、恥ずかしいことではありません。昔から、お金持ちほどケチだと言います。つまり**100円、200円のお金をも粗末にしない人が、本当のお金持ちになれるのです**。高級ホテルでも、チェックアウトの時に立派なスーツを着た紳士がレシートの項目をしっかりチェックしている様子をよくみかけます。社会人の常識として、そんな振舞いを身につけてください。

安全に暮らすということ

あなたは、ひとり暮らしの今の部屋で、夜の風の音や隣の部屋の物音に不安になり、眠れないことはありませんか。こうした不安は、実家では感じることがなかったかもしれません。それは、家族と暮らす家は、安全だと知っていたからではないでしょうか。たとえば、夕方には母親が雨戸を閉め、夜には火の元を始末し、玄関の鍵は最後に帰った父親が確認する。こうした日常の何気ない生活のルールが、家を安全で安心な場として、あなたを守ってくれていたのです。言い換えれば、家はただ住んでいるだけでは安全・安心な場にならないということです。では、ひとりで暮らすあなたの家を、安全・安心な場にするには何をしたらいいのでしょうか。

基本的なことは、ごくわずかです。**そのわずかなことを、うっかり忘れたり、疎《おろそ》かにした時に、何かが起きるのだと覚えておいてください。**あなたが被害者にならないだけでなく、加害者になって生涯を償《つぐな》いに費やすことにならないためにも、大切なことなのです。

✳ 火事を出さない——火の元からは離れない

ひとり暮らしでもっとも気をつけなくてはならないのは、火事を出さないことです。火事は、自分自身のみならず近隣住民の命に関わります。やかんや鍋をガスの火にかけたままその場を離れない、外出の時にはガスコンロの火が消えているか、ファンヒーターなどからガスが漏れていないかなどに注意する癖をつけましょう。

また、火事は火から起きるものとは限りません。アイロンやドライヤー、ヘアアイロンなどを消し忘れると高温になって出火する場合もあります。埃だらけのコンセントから出火する例、劣悪な外国製のスマホの充電池などでの出火報告もあります。

まずは、外出前と寝る前のチェックを癖にしてください。そして、万が一、火が出た時のためにアパート内の消火器の場所も確認しておきましょう。

イザという時のために小さな消火器を用意しておくといいですよ。

火がついたら……
消火器
スプレータイプの
消火器なら
ホームセンターで買えるので
常備しよう!!
フライパンに
火がついたら
油ものの
場合
水はかけない!!
アパートの消火器の
位置も確かめておく!!

＊水漏れの事故を起こさない――水に注意して生活する

もうひとつ、ひとり暮らしでよく起きるのは水漏れです。お風呂の水を出しっぱなしにした、トイレが詰まって溢れてしまった、洗濯機の排水ホースが外れたのに気づかなかった……。また、台風が来そうなのに窓を開けたまま出かけるだけでも、大雨が部屋の中に吹き込んでそのまま下の部屋に雨漏りを起こすこともあります。**水漏れは、自分の部屋と同時に、集合住宅の下の部屋の人にも大きな被害を与えます。**「気をつけて」と言っても、どう気をつければよいか分からないでしょうが、「水漏れという事故が起きることもある」と覚えておくだけでも、ちょっとした配慮ができるようになるはずです。

水漏れ事故の原因があなたにあり、下の部屋の人などに迷惑をかけてしまった場合には、損害賠償（修理費）や慰謝料を請求されることもありえます。

✳ 泥棒や空き巣に入られない――いつも鍵をかける

空き巣に狙われる家の大多数が、無施錠とガラス破りによるものだと聞きます。外出する時、玄関の鍵を閉め忘れることはさすがにないと思いますが、2階や3階だからと安心して窓の鍵を閉めずに外出する人が結構いるようです。泥棒は上から降りて侵入するといいます。**外出する時には必ず、すべての窓の鍵を閉めていきます。**

トイレや、キッチン、風呂場の小窓についても、侵入防止柵があったとしても外出の時はしっかりと鍵をかけてください。こんなところから、と思うような場所から泥棒は侵入してきます。

また、気をつけたいのが、ごみ出しやコンビニに行く時に、数分だけ部屋から出る場合です。鍵をかけずに出てしまい、空き巣に入られたという事件が多発しています。**最近の空き巣はサラリーマンのような姿のため、近くに立っていても違和感なく見過ごされてしまう**そうです。アパートの廊下などに出勤を装って待ち伏せしているかもしれません。どんな時でも鍵をかける習慣を身につけてください。

家にいる時の施錠も忘れずに。寝る時に窓の鍵をかけ忘れたり、ましてや開けたまま寝たりするのは危険です。

＊人とのトラブルを起こさない――自分の身は自分で守る

もし、あなたが女性ならば、防犯にはさらに気をつけなければなりません。**鍵のかけ忘れによる被害が多いことを知っておいてください。**また、若い女性のひとり暮らしと分かるような洗濯物を、ベランダなど人目につく場所に干してはいけません。

帰り道で誰かにつけられていると感じたら、すぐに帰宅せずに人通りの多い場所やコンビニなどに避難します。近所に顔見知りのご家族や老夫婦などがいると、いざという時に助けてくれるので、日ごろからご近所付き合いをしておくようにしましょう。

また、男性にありがちなのが、生活音によって近隣の人とのトラブルが起きること。戸建ての実家にいた時のように足音を気にせず部屋の中を歩く、ドアを乱暴に開け閉めしてバタンという音を立てる、夜中や早朝にシャワーを浴びて水音を立てる……。建物の構造によって、音の伝わり方は異なります。自分が「このくらいの音なら大丈夫」と思っていても、相手がどう感じるかは分かりません。集合住宅では、近隣住民同士による事件のほとんどが騒音をめぐるものだと言われています。昼間は周囲の音もあり、あまり気になりませんが、注意すべきは夜9時以降朝8時までの間です。

✳地震や災害への備え――命を守るのは自分と身近な他人

日本は地震大国です。いつ、どこで地震が起きるか分かりません。先の「寝る場所を確保する」のページでお話ししたように、寝る場所は地震があっても頭が守れるような位置にしておきます。また、テレビや本棚、電子レンジなど大型の物は、倒れてこないような工夫をしてください。借家なので、突っぱり棒タイプなど、壁に傷をつけない防災道具を使いましょう。

万が一の災害時のために、常備しておいてほしいものもあります。すぐにはいろいろと用意ができないまでも、**ペットボトルの水、三食分程度の保存食、懐中電灯、カッパくらいはひとつの袋にまとめておいてください。**生き延びるための最低限の装備です。

備えということでいえば、賃貸の仲介をしてくれた不動産屋や管理会社が家の近くにあるのなら顔を出しておくのもひとつの手です。引っ越して間がないうちに「おかげさまで快適に生活しています。その節はお世話になりました」と挨拶に顔を出してみてください。少しお金に余裕があるなら、500円程度のものでいいのでお茶菓子を持っていくと「きちんとした人だな」と好感をもってもらえます。**顔を出しておけば、近隣トラブルや、部屋の中の不具合の時なども相談しやすくなりますよね。**こうした縁をつないでいくと、意外にあなたを助けてくれることになるのです。

何かが起きてしまったら――第三者を交えて対処する

気をつけていても、事故を起こしたり災害に遭ったりすることはあるでしょう。その時のために、賃貸契約と同時に損害保険に加入していることが多いと思います。火災については項目に入っていることが多いので、実際にそういう事態になったら、確認して担当者と連絡を取るようにします。あなたが未成年であってもなくても、自分だけで対応しようとせずに、必ず親に連絡するようにしてください。

また、上の階からの水漏れや、泥棒の被害にあったら、**どのような被害を受けたかが分かるようにそのままにして、すぐに管理会社や警察に連絡することが大切です。**

最近は、車だけではなく、自転車での事故によって加害者になるケースが増えています。自動車の保険にはしっかり入っていても自転車保険には加入していない人も多いのではないでしょうか。もし、あなたが通勤や通学などで自転車を使うのならば、自転車保険に加入することをおすすめします。年に数千円程度ですからそんなに負担にはならないはずです。

被害者、加害者どちらの立場にも、人はなりうるものです。起きてしまったことを隠そうとしたり当事者同士で解決できないかと画策したりしてはいけません。第三者に立ち会ってもらいながら、起きたことにしっかり対処するほうがずっとスムーズに解決するのですから。

非常用持ち出し袋の中身

玄関の近くや寝室、車の中、物置などに置いておこう。

- ★□ 懐中電灯
- □ 携帯ラジオ
- □ ヘルメット
- □ 防災頭巾
- □ 軍手
- □ 毛布
- □ 電池
- □ ライター
- □ ロウソク
- ★□ 水
- ★□ 食品
- □ インスタントラーメン
- □ 缶切
- □ ナイフ
- ★□ 衣類　（雨風をしのげるものを）
- □ 現金
- □ 救急箱
- □ 貯金通帳
- □ 印鑑

※「東京防災」
（東京都総務局総合防災部
防災管理課 編）を参考に

第2章

つぎの3か月

生活に
慣れてきたら
始めてほしいこと

最初の3週間は、とにかく実家での生活を真似てやってみて生き延びられればよし、とお話ししました。これからの3か月は、生活の形を整えていく時期です。

ひとり暮らしで体験するのは、新しい出来事ばかりだったでしょう。必要に迫られたり気が向いたりで、日によってやることが違っていたとも思います。そういう日々を繰り返しているうちに、自分なりの「生活のパターン」が自然にできてくるものです。**これからの3か月は、見えてきた生活パターンを意識しながら、自分なりに生活をうまくまわす形を見つける期間と考えてください。**

まず、日々の生活。朝起きる時間、朝の間にすること、出かける時間、食事をする時間、買い物をするタイミング、寝るまでにすること。1週間では、月曜日にすること、週に一度は必ずすること、休日にすること。同じようなパターンができてきたら、それを続けていけばいいのか、それとも少し変えていったほうがいいのかを考えます。

また、実家にいた時には分からなかった自分の嗜好《しこう》や癖が見つかっているかもしれません。たとえば「オレ、料理好きかも」「アイロンがけすると気持ちが落ち着く」「夜になるとコンビニに行きたくなる」など。それらも組み込んで、生活パターンを考えていけばいいのです。

3週間暮らすと、住んでいる街が分かってくるはずです。実家のある街との違いから、変えなければならない行動パターンにも気づいてくるものです。近くにスーパーやコンビニがあるかないか、おいしいパン屋や新鮮な八百屋など利用したい個人商店があるかないか、救急受付のある病院があるかないか、新しくて清潔なコインランドリーがあるかないか……。**これからの3か月では、あなたが住んでいる街に合わせた暮らし方を見つけるために少し積極的に行動するべき期間になります。**

つまり、だんだん見えてきた生活パターンに合わせて、少し先を見通した行動をとれるようになってくるといいのです。この章では、さまざまな生活パターンについてチェックすべき項目をとりあげるので、照らし合わせてこれからの自分の生活の形を考えてみてください。

そうそう、これまで忙しくて近所に挨拶に行っていないとか、実家から分解して持って来た本棚を未だに組み立てていないとか、先延ばしにしていることがあればそろそろ済ませてくださいね。

家事のパターンについて

料理や洗濯、掃除などの家事にも、だんだん慣れてきて、いちいち考えなくてもルーティンで生活がまわってきていると思いますが、ここでもう一度、暮らし方について見直してみましょう。

慣れてくると、人は「どこまでサボれるか」という限界に挑戦し始めます。最初はしゃかりきに掃除をしたり、片づけていたけど、そんなにやらなくても大丈夫じゃない、などと感じていませんか。でも、自分が家事をサボるようになっているなと感じたら、サボりの結果を客観的に振り返ってみてください。

たとえば、鏡で顔つきを見れば、気持ちがだれているか、健康管理がしっかりできているかなどは大抵分かります。つまり**あなたの「サボり癖」は、他人の目からすれば、身なりがだらしなくなった、部屋が不潔なために清潔感がなくなった、などと気づかれているかもしれないの**です。

鏡で自分の姿を見たり、部屋を見渡してみて「これではまずい」と自覚したら、ひとり暮らしを始めた頃の気持ちに立ち戻って、親が安心できるような生活を取り戻してください。

最初から理想的な暮らしを手に入れるのは、至難の業なのです。誰でも、「これではまずい」と「立て直し」を繰り返しているうちに、だんだんとお母さんのような生活の達人になってきて、**「サボり」ではなく上手な「手抜き」ができるようになっていくの**です。

✳食のパターン――5つのポイント

①朝ごはんを食べているか

さて、3週間すぎて、今のあなたは朝食をちゃんと食べているでしょうか。朝は寝坊ばかりしていて食べなくなった、夜遅くまでお酒を飲んだり、お菓子を食べたりしているから、朝は食欲がない、朝になって、ごはんもパンもなくて食べるものがない……。こんな生活になっていないでしょうか。

ひとり暮らしの食事で一番サボりがちなのは、朝ごはんです。もし、学食や社員食堂のランチだけが一日の栄養源になっているのであれば、遠からず体調を崩してしまいます。

もし、ちゃんと朝食を摂っていないのなら、まずは朝ごはんのことを少し考えた生活パターンにしてみてください。朝、5分早く起きて粉末スープだけでも飲む。夜10時以降は、飲んだり食べたりしない。前の日に買い物をする時に、「朝ごはん用」としてパンなどを買っておく。あるいは、夜のごはんを少しだけ残しておいて、次の日の朝用にするなどです。

②外食が多すぎないか

あなたは、どのくらい外食していますか。職種や大学の専攻によって忙しさも違うだろうし、中には大学での実験が始まって家になかなか帰れない、などいろいろな事情もあるでしょう。でも、一般論で言って、**1週間のほとんどの夕食を外食で済ませている、1日のうち1回も家でごはんを食べない、というのは多すぎる**と思います。

ちゃんとした外食はお金がかかりすぎることはすでに実感していると思います。給料のいい社会人ならともかくとして、あなたが学生だったら、外食費は相当な負担になるはずです。また手軽で安価だからとラーメンや立ち食いそば、牛丼ばかりで夕食を済ませていては、栄養が偏ってくるかもしれません。

いろいろ事情があっても、食に対する意識をしっかり持ち、自己管理できてこそ、大人です。忙しいことを理由に、外食でラクしようと考えず、**週に2回は家で食べる、週末の夜はしっかり夕食を作る**など、少し考えてみてはいかがでしょうか。

③食材の買い物はうまくできているか

さて、買い物は、効率よくできていますか。毎日、買い物に行くのはひとり暮らしでは難しいと思いますから、食べる量が分かってきたら、まとめて買う工夫をしてください。

週末の休みにスーパーに行ってストック品を買う、水曜日は早く帰れるから買い物デーにする、など曜日を決めておくと便利です。また、ある程度経つと、食材の必要量も分かってくるでしょうし、近所のスーパーなどの安売りの情報も手に入るでしょう。自分の暮らしにあった買い物パターンを作っていくといいかもしれません。

④冷蔵庫は管理できているか

「はじめの3週間」で、冷蔵庫に入れておきたいごはんのお供や、いざという時に役に立つ常備食材についてお話ししましたが、こうしたストック品はうまく使えているでしょうか。買ってはみたものの、忙しくて料理する暇がなく、卵や野菜を腐らせてしまった、逆に、いつも牛乳が足りなくて夜中にコンビニに行く、使いたい時にマヨネーズが切れている、といったことになっていませんか。

これからの3か月は、**買いすぎてしまうものはどれか、もっと頻繁に買ったほうがいいのは何かという視点で、食品についてのチェックをしてみましょう。**

⑤「代用食」で済ませていないか

朝食は、チョコレートやクッキーや甘い菓子パン。夕食の代わりにスナック菓子や健康補助食品。寝る直前に、アイスやビールなどの冷たいもの。ビタミンはジュースかサプリメントで摂取。そんな生活をしていないでしょうか。**こうした生活を続けていると、半年で肥満になるか、または栄養失調になるかのどちらかです。**見た目だけでなく、体温が低く血行が悪くなるなど健康上の問題も起きかねません。

肌が荒れてきたり、手足が冷たくなっている人は要注意です。砂糖や油脂は、習慣化していきます。「チョコホリック」などという言葉があるように、毎日食べないと落ち着かないという人もいるぐらいです。砂糖や油脂に慣れてしまった自分の身体の将来を、自分で心配してあげてください。若い頃は不摂生をしてもそれほど健康面に影響が出てこないかもしれません。しかし、**年齢を重ねた頃に、こうした不摂生は身体に現れてきます。**40代、50代の働き盛りになって、踏ん張りの利かない身体を立て直すのはたいへんです。

掃除のパターン——5つのポイント

①週に1回は掃除をしているか

さて、3週間経ったあなたの部屋は、今はどうなっているでしょうか。引っ越し当初はそれなりに綺麗だった部屋が雑然としていたり、うっすら埃が溜まったりしていませんか。それは、まだ掃除自体が生活のパターンに組み込まれていないからです。

先に、掃除は週1回として、その間にも「小さな掃除」をできるだけ組み込むことをおすすめしました。これからは、その掃除を、**何も考えなくてもルーティンとして無意識にできるようになっていけばいい**のです。料理中に油がはねたらすぐにぼろ布で拭き取る。これが意識せずともできるようになれば、あと少し。日曜日の朝食前に、掃除機を無意識にかけていたら完璧というところでしょうか。

p.109、110では、おさらいも兼ねてもう一度掃除の仕方についてまとめておきました。

②台所は使うたびに綺麗にしているか

あなたの台所は人に見せても大丈夫なくらい綺麗でしょうか。別にピカピカに磨く必要はありません。シンクに常に食べ終わった食器が重ねてあったり、生ごみ入れにはごみがいっぱいで臭っていたり、ガスコンロには使ったフライパンなどが油まみれのまま置いてある……という事態になっていないでしょうか。

もし、そういう状態になってしまっていたら、あなたのどういう習慣が、そういう事態を招いているのかを考えてみてください。

食器を運んだ後にすぐ洗えばラクなのに、「寝る前に洗おう」と思ってそのままにしてしまう。次の食事の時に、前の食事で使った食器を洗って使う癖がついてしまい、いつも汚れた食器がシンクにある。生ごみは、燃やせるごみの日の朝に袋に移して捨てるため、ごみの日以外は常に生ごみがシンクにある。もしかしたら、自然とあなたの悪しき習慣ができあがりつつあるのかもしれません。

これ以上続けると、本当に抜けない習慣になって、身についてしまいます。今のうちに、どうすべきか、何ならできるかを考えてください。

③風呂やトイレは掃除しているか

お風呂もなるべく週1回はチェックしましょうとお話ししましたが、あなたのお風呂はどうでしょうか。もし、水垢《みずあか》の輪ができていたり、黒カビやピンクのカビが生えていたりしたら、かなりサボっていた印です。1週間に1回が無理なら、**せめて2週間に1回は床をブラシでこするなどをルーティンワークにしてみてください。**

そろそろ生活に慣れてきたのなら、お気に入りの掃除グッズを揃えるのも手です。風呂場が洗いにくいなら、洗いやすそうなブラシを買う。爽やかな匂いが好きなら、トイレの洗剤をミント系にするなど、自分が少しでも快適に思えるようにしていくのも掃除をパターン化していくコツです。風呂やトイレが汚いと、生活全体が汚くなってしまいます。

④テーブルの上は拭いているか

食事をしたりお菓子を食べたりするテーブルの上は、まめに拭いていますか。そこでパソコンを使ったり書類を書いたりするならなおさら、使うたびに拭くくらいの心がけでいてください。

コップの輪染みができていたり、ベタベタしていたり、ざらざらする粉が落ちていたりするテーブルで、平気で食事や仕事ができる人にはならないようにしましょう。何もしていなくても、意外にテーブルの上には埃が溜まり、汚れています。

おそらく実家では、お母さんがしっかりテーブルを拭いてから、お茶碗や料理の入ったお皿を並べていたのではないでしょうか。あなたも実家にあったような、テーブルの上を拭く「台布巾」を1枚用意してください。古くなったハンドタオルでもいいですし、100円ショップなどで売っているものでも構いませんが、テーブル専用にすることが望ましいです。

⑤空気の入れ替えをしているか

あなたは、部屋に入った時に「空気が淀んでいるな」などと感じたことはありませんか。閉めっきりの部屋は、どんなに掃除していても外の空気とは違います。ですから、1日1回10分、週末は1回1時間以上は窓を開けて部屋の中に風を通してください。特に、よく晴れて乾燥している日は絶好の空気の入れ替えの日です。また、こんな日は押し入れの襖《ふすま》や、クローゼットの扉も開けて、中に風を通します。これだけで嫌な臭いの

1日10分あれば箒、ちりとりもしくはフローリングモップで掃除できる。

玄関のたたき
ぬらしたボロ布で拭くと砂埃が部屋に入らない
トイレ
トイレブラシでこする
床や壁や便器は専用シートで1週間に1回は掃除する
お風呂
バスタブは湯垢がつくから専用洗剤でこする!!
バスタブ用ブラシもしくはスポンジを使う。傷つくから注意!
排水口もたまに掃除
床やタイルは専用ブラシでこする。
ユニットバスの場合は
床も傷つきやすいので、スポンジか雑巾で。

元が取れ、カビなどの発生を防いでくれるのです。

✳片づけのパターン――4つのポイント

①座る場所のまわりに物を出しっ放しにしていないか

掃除については、これまでもお話ししてきましたが、ここでは少し「片づけ」についてお話ししておきたいと思います。片づけという言葉からどんなことをイメージしますか。きちんと整理整頓された部屋、机が綺麗になっている……。そんなイメージでしょうか。でもひとり暮らしのあなたの場合「どうせ、人に見せるわけじゃないから、別にいいや」というのが本音ではないでしょうか。

片づけの基本は、自分の使う物を「出したら戻す」ことです。ですから、まず、どこに何を置くか、という定位置をだいたい決めておかなくてはなりません。そのだいたいの位置に、使ったらすぐ戻すようにしていれば部屋は散らからないのですが、**いつの間にか増えてしまった物によって置く場所がなくなり、部屋は片づかなくなっていく傾向があります。**

つまり、掃除は1週間に一度でいいけれど、片づけはその都度すべきことなのです。

新しく増えたものはなるべく定位置を決め、出したら戻す習慣をつけていきます。そうすれば、まとめて「片づけ」という家事をする必要がなくなります。

ひとり暮らしをしていると、自分の座る場所の半径1メートル以内に、物が出しっ放しになりがちです。家族がいてはできない、まさしくひとり暮らしの醍醐《だいご》味《み》ではありますが、そのラクさに慣れてしまうと自分自身がだらしない人になってしまいます。**もし、座る場所に使う物を置いておきたいのなら、キャスター付きのラックに物を入れて使う、大きなカゴにひとまとめに入れるなどの工夫をしましょう。**床に直置きしていくと物はどんどん床を侵食し、掃除するのも億劫になってしまいますよ。

②寝る前の片づけのススメ

物の定位置を決めて、出したら戻すようにしていても、部屋は意外に片づかないものです。それは、「今やったほうがいいのは分かっているけれど、後でいいや」という思いがいつもあるからです。それでも、**片づかない生活をなんとかやめたいとあなたが本当に思っているのなら、片づけタイムを習慣にすることをおすすめします。**

「朝出かける前に片づける」のが理想ですが、朝は忙しいでしょうから、「寝る前に片づける」というルールのほうが持続しやすいと思います。こういった習慣があなたの中でできあがったら、それこそ一生、家の片づけには困らないでしょう。理想が高すぎますか？

はじめはとにかく寝る前に、「テーブルの上の飲み終わったマグカップをキッチンのシンクに置く」「脱いだ服だけでも洗濯用のカゴに入れる」など、小さな実践からでも取り組んでみてください。そうすれば、少なくともあなたの部屋が「汚部屋」になることは避けられるはずです。

③置き場所の再点検をする

3週間経ったあなたの部屋を見渡してみてください。おそらく、引っ越してきた時よりもたくさんの物が増えたのではないでしょうか。そして、それらの物の置き場所が定まらずに、まだ床の上に放置されているということはありませんか。お菓子置き場、カバン置き場、靴のしまい場所、ストックの洗剤置き場……。適当に置いていると使いにくいし、探し物ばかりに時間が取られるし、お菓子が部屋のあっちにもこっちにも、といったありさまになっていくでしょう。前述したように、片づけとは「元に戻すこと」ですが、戻すべき場所が決まっていなければ片づくわけがありません。

これからの3か月の間に、こうしたものがどこに置いてあれば、あなたが生活しやす

いのか、再度考えてみてください。今までの間に、生活に必要なものはだいたい揃ったと思います。ですからこの時期に物の置き場を決めてしまえば、この先、「片づかなくてたいへん」ということは少なくなります。

雑誌や本に載っているような「きっちり綺麗に片づいた部屋」を目指す必要はありません。掃除がしやすく、使いたいものがすぐに取り出せる、そんな「あなたが暮らしやすい部屋」を目指せばいいのです。

④そもそもいらない物を捨てているか

さて、引っ越しからもうだいぶ日数も経ったはずですが、あなたは、引っ越しの段ボール箱などは全て開けて中身を出したでしょうか。もし、「そういえばこの箱まだ開けてないや」などという箱がひとつでも残っているのなら、さっさと空けて、段ボール箱は処分しましょう。

中身を確認したら、実はいらないものだった、なんていう場合は潔く中身も処分します。引っ越し前に必要だと思って荷造りしてみたものの、実際に暮らし始めてみると必要がなかった、ということは多いものです。ひとり暮らしのあなたが使わないものは、誰も使いません。**限られたスペースだからこそ、不要なものは処分していきます。**

さて、引っ越しの時に使った段ボール箱だけでなく、買い物した紙袋類、もう見ない雑誌や書類、お菓子の空き箱など、部屋の風景と化している「ごみ」がないかも見回してみてください。先に述べましたが、生活はごみとの戦いです。ごみ捨てが習慣化されているかここで確認しておかないと、あなたの部屋はこれから先、もっとごみで溢れていくことになります。

今後は、燃やせるごみの日や、燃やせないごみの日、ビン・缶などの分別ごみの収集日の朝に、自然と「捨てるべき物がないかな」とごみ袋片手に見回す癖がついてくれば、あなたのひとり暮らしはうまくいっているといえると思います。

✳ 洗濯のパターン――5つのポイント

①あなたにあった洗濯パターンができあがったか

暮らしていくにつれて家事で気がつくことも多くなってきたと思います。掃除や片づけだけではなく、洗濯もそのひとつです。先に、ひとり暮らしでは、洗濯物が少ないため、溜め込みがちになり、そして溜めておいた汚れた衣類は悪臭を放ち、雑菌やカビの原因になってしまうとお話ししました。

毎日は無理でも、1週間に2回、それでも無理なら週末にまとめてコインランドリーで、と提案しましたが、あなたの洗濯サイクルはどのように落ち着きましたか？

自分なりの洗濯パターンができあがり、着るものに困ることもなく、部屋に悪臭を放つ洗濯物が放置されていない状態であれば問題はありませんが、「ここは少し気になる」なんていうことがあるかもしれません。そこで、ここでは、もう少し細かい洗濯の方法についても説明していきます。

②白いシャツやタオルが白く保てているか

まず、**洗濯がしっかりできているかどうかは、白いシャツやタオルを見ると分かります。**袖口や襟の垢汚れが取れていない、全体にうっすらと色がついている場合、残念ながらあなたの洗濯には少し問題があります。

洗剤の量が適切でない、または水洗いの時間が短いなど、洗い方に問題があるのかもしれません。また白い服やタオルを、色物と一緒に洗うことで、白い物に色が移っているのかもしれません。さらに白い服が黄ばみ始めているのなら、汚れた時にすぐに洗わないことで汗染みが取れていないのかもしれません。黄ばみは汗と皮脂が原因ですから、あなたが白い服が好きで頻繁に着るのであれば、面倒でも白い服だけは先に洗うなど、少し工夫してみてください。

③ワイシャツが足りているか

もし、あなたが会社員で、それも毎日スーツを着る必要があるのでしたら、洗濯での一番の課題はワイシャツかもしれません。ワイシャツは汚れていなくても毎回取り替えるのが原則です。この時期になれば、何枚ワイシャツがあれば足りるか、把握できたのではないでしょうか。

洗濯後にアイロンがけの必要がない形状記憶のワイシャツなら、3日に1回洗濯をして干しておけば、3枚あれば十分でしょう。もしアイロンが必要なシャツで、それが面倒で1週間分溜めてしまうのなら、5枚は用意する必要があるでしょう。自分にあった枚数を把握し、足りなければ買い足しておきます。

そして、先に述べた**「汗染み」を残さないためにも、なるべく1週間以上の放置はしないようにします**。ワイシャツは比較的丈夫な素材でできていますから、すぐに洗わない場合は、洗う時に襟ぐり、袖口に専用の洗剤を塗る、洗濯用の漂白剤を入れることなどで黄ばみを防ぐことはできます。まとめ洗いの時は、なるべく他のものとは区別して洗濯するほうが良いでしょう。

もし、どうしても洗濯する時間がない、面倒であると思うならば、クリーニングを利用するのも手です。**清潔な姿で仕事に行くことはお金には代えがたい価値があります。**もしお金がもったいないと思うなら、自分にあった洗濯のパターンに変える努力をしなければなりません。

④干しあがったものが臭っていないか

さて、洗濯をし終わった衣服についての質問です。あなたの衣服やタオル、ハンカチなどの布類の匂いを嗅いでください。ちゃんと日を浴びたような乾いた匂いがしますか。好きな洗剤や柔軟剤がほのかに香る気持ちの良いものでしょうか。もし「下着の匂いを嗅ぐとうっすらとカビくさいかな」「バスタオルで顔を拭く時にふっと嫌な臭いがするかな」などと気がついたのなら、あなたの洗濯サイクルが間違っているか、洗濯する方法そのものに問題があるかのどちらかです。

洗濯の頻度の問題である場合は先にお話ししましたから、今度はあなたの洗濯のやり方について考えてみましょう。まずは、あなたが使っている洗濯機はどうでしょうか。もし新品を用意したのならば、そんなに短期間で洗濯機が汚れることはありませんが、もし、どなたかから譲り受けた古いものであったならば、洗濯機に問題があるかもしれません。

洗濯機はかなり汚れるものです。定期的に専用の洗剤でカビ取りをする、また、洗濯をし終わったら蓋を開けて乾燥させておかないと、たちまちカビだらけになってしまいます。洗濯槽がカビだらけだと、洗濯物自体に雑菌がついてしまいます。

また、干し方に問題はないでしょうか。**閉め切った部屋の中で部屋干しをしている場合は、特に生乾きのために雑菌による臭いが取れなくなります。**部屋干ししか方法がない場合は、少しでも日当たりのいい場所や風通しのいい場所に干すようにしてください。（カーテンレールはNGですよ！）

それでも長雨続きで湿気が多い時は、コインランドリーの乾燥機に頼るようにしましょう。

⑤タオルケットなど大物が臭っていないか

タオルケットやベッドパッドのような大物も、洗濯しなくてはいけないことを知っていますか。こうした大きいものは、自分の持っている洗濯機では容量が足らず洗うことができないかもしれません。また干す場所も限られてしまいますし、干しあがるのにも時間がかかるという困りものです。

休みの日になるべく日に干して清潔に保っていれば、そんなに頻繁に洗わなくても大丈夫ですが、もし、あなたが喘息やアレルギーなどがあるのであれば、月に一度はコインランドリーなどで洗濯したいものです。そうでない人も、季節の変わり目には必ず洗濯してください。**今のコインランドリーでは、布団丸洗いができるような最新式の機械も用意されています。**コインランドリーの費用を少し取り置きしておいて、定期的に使用していけば、あなたの暮らしはいつまでも快適に送れるはずです。

✳手入れのパターン——3つのポイント

①スーツなどの衣類が古びていないか

さて、衣服や持ち物には、洗濯以外にも手入れが必要なものがあります。ここでは、日常生活の中で手入れしてほしいものについてお話をします。まず社会人だけでなく学生の人でも、入学式や特別の時に着るスーツは持っていると思います。あなたのスーツは、なんとなく古びた感じになっていませんか。

スーツのような型がしっかりしている衣服は、手入れをしていないと途端に古びた感じになってしまうので注意が必要です。逆に、何年着ていても手入れがしてあるスーツはいつでも新品のような感じがします。手入れの悪い服を着ていると、だらしなく見えるため、人に会う仕事をしている場合は、相手からの評価にも関わりますから、特にしっかり手入れをしてください。

まず、スーツの上着は、毎日帰ったらハンガーに掛けて、風通しの良い所に置いておきます。雨に濡れた後は、必ず清潔なタオルで水気を拭き取っておきます。ズボンやスカートの折り目は、自分よりもまわりの人のほうが先に気がつくものです。折り目がずれないように畳んでから吊るしておくことを習慣にしましょう。

1週間に1回はスーツにブラシをかけ、埃や汚れを落とします。その時に、袖口の垢の汚れ、胸元の食事の時に付けた染みなどが見つかったら、濡らした布でやさしく拭き取ります。汚れはその都度落とせば、染みになりません。どうしても取れない汚れは、クリーニングの染み抜きに出してください。

②革靴や鞄が形くずれしていないか

革靴も手入れが必要なもののひとつです。革靴は、汚れたりつやがなくなってきたと感じたら手入れをします。特に雨に濡れた後は、手入れが肝心です。表面を拭いて中に新聞紙を入れ、陰干しした後に、クリームを塗っておきます。革の鞄やハンドバッグ類も同じ扱いです。

毎日のように使う革製品は、手入れをしないとワンシーズンでダメになってしまいます。手入れができないなら、あなたはまだ革製品を身につけるほど大人になっていないのだと自覚して、これからは合成皮革やビニールなど手入れの必要ないものを買うようにしてください。

③食器がくもっていないか

さて、生活に慣れてくると、自炊をしたり、お茶を淹れて飲んだりする機会も増えてくると思います。そこで、あなたの普段使っているグラスやお茶碗などをちょっと見てください。グラスの透明感がなく、くすんでいることはありませんか？ また食器がなんとなく油っぽくベタベタしていませんか？

食器は、洗いやすすぎが足りないと、表面がうっすらくもったようになります。また、**自分ではよく洗っているつもりが、実はスポンジが油で汚れているため、何度洗っても綺麗にならないということがあります。**友達が泊まりに来た時に「これで食べるのは気持ち悪い」と感じられるのは、恥ずかしいことですね。

まず、スポンジは綺麗に洗うこと、その上でスポンジに洗剤をつけ、しっかり泡立ててから食器をこすります。カップ類は内側、お皿類は裏側に汚れがつきやすいので、忘れずにこすってください。使い終わったスポンジは、油分が残らないようによくすすいで、ぎゅっと水気を絞ってから置いておくようにします。

時間のパターンについて

さて、あなたは生活リズムを作れるようになってきたでしょうか。誰しもひとりで自由に暮らしていると、時間はどんどん後ろ倒しになるようです。逆に前倒しになる話は聞かないのが不思議です。朝ぎりぎりまで寝ていてごはんも食べずに飛び出していったり、夜ついついスマホをいじっていて寝る時間が遅くなってしまっているようなら、今が生活リズムを整えるチャンスです。

よく「自分の時間」と言いますが、あなたも、結婚したり、子どもができたりしたら、自分の時間がなくなるだろうと思っていることでしょう。けれど、時間は使い方次第です。**自分の時間は、自分を律し、他者のために使うなかから、自然に生まれてくるものです。**

自由な今だからこそ、時間を垂れ流し状態で浪費してはいけません。結局、やらなくてはいけないことを後回しにすることで、時間に追われるような生活になってしまうのです。時間を使いこなせるようになるために、まずは、スムーズに暮らせる生活リズムを作り、そしてそれを守っていくようにしましょう。

朝のパターン――余裕をもって起きているか

朝は余裕をもって起きているでしょうか。出かける前に最低30分は、準備にほしいところです。若いのだから眠いのは当然かもしれませんが、もし、いつまで経っても眠くて起きられないのなら、すっきり起きるための智恵を使ってみてください。なるべく朝日があたる場所に寝ると、起きる時間には明るくなって自然に目が覚めるようになります。**朝日を浴びると、生体リズムが整ってきて自然に起きられるようになるそうです。**逆にいつまで経っても暗い部屋で、朝なのか夜なのか分からない生活をしていると、時間感覚がなくなってしまうので要注意です。

最近、目覚ましの音がうるさいとご近所トラブルに発展することが多くなっています。スマホを目覚ましがわりに使っている人も多いと思いますが、他人に迷惑なほどの音量にならないように気をつけてください。

✳夜のパターン――寝る時間を決めておく

何時に寝る、という目安を決めているでしょうか。明日は休みだから何時でもいいや、ということはあるでしょうが、平日は寝る時間をだいたい決めておくことをおすすめします。**たとえ眠くなくても、決めた時間に布団に入るようにすれば、身体が自然に眠くなってくるものです。**

寝る前にスマホやPCの画面を長時間見ていると脳が覚醒して眠りが浅くなります。また、寝る直前まで明かりをつけていると、消し忘れて眠ってしまい、眠りが浅くなり熟睡できなくなります。早めに明かりを消して、暗い中で好きな音楽を小さい音で流して寝るなど、ゆっくり眠れる方法を自分なりに見つけてください。夜はゆったり過ごし、頭も心も休ませる。これが日常生活をスムーズにするための基本です。

✳休日のパターン――ごろごろしているだけではだめ

休みの日は、何をしているのでしょうか。一日ごろごろしているのもひとり暮らしの特権だから、悪いことではありません。けれど、休みは常にごろごろしているだけ、というのでは困ります。

休日は洗濯をする、掃除をする、ストック食品を買いに行くなどの家事をする日にするのがおすすめですが、せいぜいそれも午前中を使えば十分でしょう。**私は、休みの日を有効に使える人ほど、自分の夢を叶える人だと思っています。**勉強に当てる、バイトをして過ごす、好きな趣味に没頭する、なんでもいいのです。

ただ、時間つぶしのために部屋にこもってゲームをするとか、疲れているからとだらだらとテレビを見て昼寝をしているのでは、あなたの将来のプラスになるとは思えません。まずは、何をしたいのかを考えて、計画的に行動してみましょう。

お金のパターンについて

この頃になると、毎日あるいは1週間単位で、何にどのくらいのお金が必要なのか、1か月ではどのくらいになるかなど、だいたいのお金の回り方が見えてきたのではないでしょうか。これまでは、手元にあるお金の全部を「これだけあるから、使っていいや」などと使い切って、後で慌てるなどということもあったかもしれません。でもこれからもそういう生活をしていては困ります。

だいたいのお金のパターンが見えてきた人は、お金の使い方のルール、貯め方のルールを決めていきましょう。パターンがまだ見えてない場合は、ひとり暮らしを始めてから今までの日々を、お金に対して無自覚に過ごしてきたということです。もう少しお金のことを考えながら生活したほうがいいと思います。

あなたはこれから、結婚したり子どもをもったり、仕事でチャレンジしたり、不動産を買ったり……と、いくつもの人生の節目を経験すると思います。その時には、お金の入り方や使い方が大きく変わっているとは思いますが、お金の管理の基本を今身につけておかないと、その変化を乗り切れなくなるかもしれないのです。**「あるだけ使う」のではなく、「どれだけ、何のために使うのか」。**その管理法を今のうちに身につけておきましょう。

お金の引き出し方——使い方に合わせた額を引き出す

「はじめの3週間」では、お金を銀行から下ろす場合は、回数や金額をあらかじめ決めておくことをおすすめしました。今のあなたは、ATMなどでお金を引き出す時に、1回にいくら引き出して何日もたせられるかのパターンが分かってきたでしょうか。1回に1万円下ろして1週間の生活費が賄《まかな》えるのか、それとも1回に2万円なのか。学生なら大学内のATMで、「自分は毎回2000円ずつ引き出し、3日間これで過ごす」などと決めているかもしれません。

お金の使い方に合わせた引き出し方ができていたら、しばらくはそれを続けていけばいいでしょうが、「あれ？　いつも1回1万円引き出すけど、何日もっているっけ？」「おかしいな、おとといATMに行ったのに、もう財布が空っぽだ」という状態が今も続いているのなら、かなり心配です。

そんな人は、一度、お金の日記としての「お小遣い帳」をつけてみてください。引き出した日と額、だいたい何に使ったか、お金がなくなった日が分かるように、とりあえず1か月続けてみましょう。もしかしたら、あなたは財布にお金があると気が大きくなってしまい、つい使いすぎているのかもしれません。それならば、必要になった時に、必要な額を引き出すようにする。お財布には少額しか入れずに、家の安全な場所に保管しておくなど、自分なりのお金の使い方を模索してみてください。**まずは、お金の使い方を自覚するのが大切なのです。**

✳ 少しずつ余らせる習慣をつける——貯蓄ができるようになる

さて、少しお金の使い方に自覚ができたのであれば、今度は、お金はあるだけ使うのでなく、少しずつ余らせていく工夫をしてみましょう。

「月にいくら貯める」と決めてしまうと、貯蓄がかえって生活を圧迫することもあるでしょう。だから、**最初のうちは、なるべく無駄遣いをせずにお金を使い切らない習慣を作り、「月にいくらか余らせよう」という意識で過ごしてみます。**

給料日や親からの仕送り日の前に、まずは余っている額を確認するようにします。そして「毎月、最低このくらいは余らせられる」と分かってきたら、月々に貯められる額が決められます。その額を積み立てか、もしくは取り分けて生活費とは別の口座に入れておけば、貯蓄の計画も立てられるようになっていきます。

生活をしていると不測の事態は起きるもの。助けになるのはやはりお金です。いざという時のためのお金がわずかでもあると、日々の安心感が違います。

余分な経費を使わないで済むようにする——塵も積もれば山となる

あなたは、口座からお金を下ろす時に、駅からの帰り道にあるからといって手数料のかかるコンビニのATMでお金を引き出したり、昼間に銀行に行くのを忘れて時間外手数料のかかる早朝や夜にATMに寄ったりしていませんか。先にお話しした通り、手数料は馬鹿になりません。

はじめのうちは注意していたけれど、生活に慣れてくるとつい手軽だからと使ってしまう人が多いようです。でも、そんな人はなおさら計画的に手数料がかからない時間にATMを使うことを、意識してください。また、光熱費や通信費の口座引き落としの時に残高が足りなくて、引き落とされず、再度請求が来ても支払い忘れてしまった、などということはないでしょうか。支払いが遅れると、延滞料を払うようなことになりかねません。

塵《ちり》も積もれば……のことわざどおり、小さな経費でも必要のないものを払い続けているのはもったいないことです。また、こうした些細《ささい》なお金の管理ができない人は、将来、散財する傾向にあるのも事実です。そんなことにならないためにも、日頃、細かなお金の管理には気をつけてくださいね。

✻入ってくるお金を把握する――うやむやにするとなくなってしまう

学生なら親の仕送り以外のアルバイト、社会人でも残業やボーナスなどで、毎月の定額収入以外に入ってくるお金があるかと思います。でも、いつの間にか入金されていたために、銀行残高をチェックした時に「思ったより残高が多い!」などと嬉しくなって、気が大きくなり何に使ったのか分からないうちになくなってしまった、などというのでは、せっかく働いたのにその甲斐がありません。

正社員だけでなく、アルバイトでも、自分で稼いだお金ですから、給与明細にはきち

んと目を通しておきましょう。たくさん稼いだ月は、それなりに喜んで使えばいいのですが、もし、いつもより多く稼いだのならば、そのお金を今後のために貯金するのも大事なことです。

✻クレジットカードの使い方——お金の管理ができないうちは使わない

そろそろクレジットカードを作るという人も多いのではないでしょうか。確かに、今では、スマホや携帯の料金をクレジットカードで決済することが多く、クレジットカードの1枚ぐらいは20歳過ぎれば皆が持っている時代ですよね。

しかし私は、**クレジットカードは「生活費に困らない人が、使うもの」だと基本的に思っています。**一定額の収入があり、そしてある程度の貯蓄がある人が、現金をあまり持ちたくないために1回払いのクレジットカード決済をする。また、そういう人の多くはクレジットカードを利用してポイントを貯めるなど賢く使用しています。そういう人たちは、クレジットカードで支払いをしても、銀行口座の残高不足で引き落としができずに困るということもありません。もし、あなたが、このようにクレジットカードを使用した代金を別にとっておき、支払日には必ず引き落としができる状態にあるのであれ

リボルビング払いのシミュレーション結果

2019年1月1日に20万円のPC、5万円のスーツ、1万円の革靴で計26万円使い、月々1万円の定額のリボルビング払い（年率15%）で支払うと……

お支払い元金（合計）	260,000円
お支払い手数料（合計）	43,263円
お支払い合計金額	303,263円

2021年3月までかかり、
総額30万3263円にも!!

※JCBのサイトのシミュレーション https://www.jcb.co.jp/service/payment/pop/shopping-revolving-simulation.htmlより

ばクレジットカードを利用しても問題はありません。

しかし、もしあなたが、**貯蓄もなく、手持ちの現金がないのなら、欲しいものがある場合でもカードを使わず、お金をまず貯めてから買うようにしてほしい**と思います。

それでも、どうしても、アルバイトで必要な革靴や勉強に必要な書籍など、今は現金がないからクレジットカードで購入せざるを得ない場合は、必ず1回払いにしてください。

また、「1回払いでは支払えないかもしれない」と思ったら、その買い物をやめる勇気をもってください。

気をつけてほしいのは、リボルビング払いです。月々の支払額を一定にすることは、確かに毎月の支払いはラクに見えるかもしれませんが、それはただ借金期間を延ばしているだけです。そのうちに借金がどれだけあるのか分からなくなり、結局は長期化して膨大な利息を支払うことになりかねません。

また、キャッシングも危険です。特に必要な経費である家賃、光熱費などをキャッシングで払うことに慣れてしまうと、借りた感覚が薄れて、足りなくなるたびに現金をキャッシングで手にしてしまうようになります。中には、口座から自分のお金を下ろす感覚に陥ってしまう人もいるのです。気がついたら、何十万も借金していたなんてことに。もし、どうにもならなくなったら、キャッシングする前に親に相談してくださいね。

最近、スマホゲームの課金を電話代に上乗せしてしまい、気がつけば、電話代の支払いが月に数万円になっていたという話をよく聞きます。

また、スマホ支払い機能でショッピングして、支払いに困っている若者が急増しているそうです。**便利な機能には落とし穴もありますから、注意して使ってください。**

✳ お金の貸し借りについて

「はじめの3週間」で「お金を借りてはいけない」という話をしました。それでも、新しい環境に慣れてまわりの友人や仲間、同僚と親しくなってくると、気軽なお金の貸し借りが頻繁に起きてくることでしょう。もし、飲み会でお金が足りず友人に1000円借りたら、翌日すぐに返します。**「いつでもいいよ」の口約束は、お互いに鵜呑《うの》みにしてはいけません。**

また、どうしても返せない場合は、数日中に「次の給料日に返すから待ってほしい」などと、しっかりとした約束をしておきます。黙っているのが一番信頼を失います。そして返す時には、ちゃんとお礼も伝えます。それでも返せない場合は、親に相談してください。あなたの信頼のためにではなく、貸してくれた相手のために返さなければなりません。

あなたが貸す側になった時の考え方を伝えておきます。500円、1000円といった小さなお金を貸してほしいと頼まれたら、友人や同僚なら貸してあげればいいでしょう。その後、返ってこない、あるいは1回「返して」と催促しても返してくれない場合は、その人はお金にルーズな人なのです。お金は諦めて、トラブルを避けるためにも、付き合い方を変えるようにしてください。

3万円、5万円の大きなお金を貸してほしいと言われたら、「あげてもいい」と思える場合にだけ貸しましょう。約束の日までに返ってこなかったら催促をしても難しいでしょうから、「あげたんだから」と納得するようにしましょう。

やはり、お金の貸し借りは友達関係をこじらせる大きな原因になりますから、なるべくならしないに越したことはありません。

近所付き合いのパターンについて

引っ越ししてからいくらか経つと、ご近所の人たちとも顔見知りになってくると思います。あなたは、ちゃんと近所の人たちと挨拶を交わすようになってきていますか。

同じ場所で暮らしていくうちに、近所付き合いの地域性は見えてくるものです。

あまりお互いに関わらない地域、ごみ出しのルールには厳しい地域、近所同士の関わりが強い地域、住人の入れ替わりが早い地域などいろいろあります。まずはあなたが住んでいる地域がどういう地域なのか、感触を感じ取って、自分から合わせることが必要です。

社会で生きていくのに大事なことは、あなたがどうしたいかだけではなく、周囲の人があなたに何を期待しているのかを理解することもあります。

日本語には「世間」とか「人間《じんかん》」という言葉があります。世のあいだ、人のあいだが社会である、という考え方です。「若いから、そんなに長く住むつもりはないから」と、地域から目を背けるのではなく、その地域との関わり方に目を向けてみてはどうでしょうか。「新参者」のあなたがその地域で、どう振舞うことをご近所の人は期待しているのでしょうか。無理のない範囲で構いませんから、ちょっと考えてみるといいですね。

挨拶がまだできていなかったら——遅れてもいいので挨拶を

もしまだ両隣や上下の階の人に挨拶ができていないのなら、今からでも遅くないので挨拶に行きましょう。「なかなか家にいないので、ご挨拶が遅れてすみません」と言えば大丈夫です。500円から1000円程度のお菓子を持っていくと、相手からの印象が良いものです。

やはり、**近所にどんな人が住んでいるのかを知っておくことは、あなた自身が安全に暮らすためにも必要なことなのです。**そして、挨拶に行って顔を合わせたなら、次に会った時には、思いきって「おはようございます」と声をかけるといいでしょう。近所の人と必要以上に仲良くなる必要はありませんが、やはり顔見知りであれば、困った時に声もかけやすいと思いますよ。

✳近所の人の行動を観察する——挨拶のお手本は目の前にある

近所の人が挨拶しあっているのなら、恥ずかしがらずに挨拶しましょう。向かいの家や隣の部屋から出てきたり玄関前を掃いていたりする人なら、近所の人なのです。**顔が分からなくても「おはようございます」「こんにちは」と言っているうちに、顔見知りになっていきます。**

挨拶はしない地域だったら無理することはありませんが、隣の人にばったり会った時くらいは「こんにちは」「今日は暑いですね」くらいの話ができるといいですね。特に、ごみ出しの時にはご近所さんと顔を合わせることも多いものです。黙ってすれ違うよりも、「おはようございます」と言うようにしましょう。**そこで顔見知りになっておけば、「いい歯医者はどこにあるだろう」などと困った時に聞くことができます。**

近所に個人商店があるなら、そこを利用するように心がけるのもいいことです。八百屋さん、和菓子屋さん、カフェなど、ご主人は地域の人が使ってくれると嬉しいものです。「今度、〇〇アパートに越してきたんです」とちょっと話をしてみてください。そこから顔見知りができ、近所の人の輪が広がるかもしれません。

ごみの出し方——ご近所は見ている

ごみ出しの注意点については、これまでもお話ししてきました。再度確認したいのは、あなたが地域のルールにあったごみの出し方ができているかということです。何も言われなくても、ご近所の人たちはあなたのごみの出し方を見ています。もし、まだ自信がないのなら、**ご近所の人たちにどうやってごみを出しているのか、何時ぐらいに出せばいいのかを改めて聞いてみるといいでしょう。**

聞く機会がないのであれば、他の人のごみの出し方をよく見ることも大切です。「雑誌や段ボール箱はひもでしっかり括《くく》って出してある」「ペットボトルはラベルを剝《は》がして洗ってある」などその地域のルールがあるはずです。あなた自身も、その地域相応のやり方を心がけなくてはなりません。

では、もし適当な出し方をしてある地域だったら？　逆に、あなただけは、それに合わせずにきちんと地域の収集の決まりに則《のっと》った出し方をすればいいのです。見ている人は必ずいます。「若くてもきちんとしているな」と理解してくれますよ。

＊ご近所トラブル――ほどほどのお付き合いを心がける

近隣でもっとも多いトラブルは騒音だという話をしました。ひとり暮らしをし始めた頃は注意していても、慣れてくると気が緩んでいるかもしれません。

あなたの今の生活を振り返ってみてください。夜遅くに大きめの音で音楽を聞いたり、テレビを見たり、風呂場で音を立てて物を置いたり、足を踵《かかと》からつけてどしどし歩いたりしていませんか。もし、隣近所から苦情がきたのなら、まずは言い訳せずに「気がつきませんでした。すみませんでした」と素直に謝ります。

そして何が迷惑だったのかをしっかり聞きます。たとえば**「どういう音がしていたでしょうか」「何時頃がうるさいでしょうか」などと具体的に聞くことで、原因を明らかにします**。そして、その事情が分かった場合は「あらためるようにします」と伝えます。そのうえで、こちらにも事情がある場合は説明します。たとえば、大学の研究などで遅くに帰宅する、残業で夜中にお風呂に入らなくてはならない、足を怪我したのでしばらくはひきずって歩かざるを得ない、など。あなたの人となりが分かった上であれば、少しは相手も理解してくれるようになります。

また、隣の部屋の人がうるさい、上の階から水漏れがするなど自分が迷惑をかけられた場合については、直接相手にクレームを言うのではなく、大家さんや管理会社に伝えて、対処してもらうようにします。大声で脅迫されたなど警察に相談したいような深刻な状態ならば、まず親に相談し、それから行動を起こしてください。**逆恨みによる犯罪も多くなっていますから、たとえ被害者だとしても注意は必要です。**

ただ、ひとりで生きているわけではないので、まわりと協調して生きていくのは大切なことです。昔から「遠くの親戚より近くの他人」「大家といえば親も同然」と言うように、近所の人が身内のように親身になって助けてくれる場合が多くあります。そういう意味でも、ご近所とささいなことでトラブルを起こさずに、上手にお付き合いするのは大切なのです。

もちろん、**だからといって、自分を理解してもらうために個人情報を伝えすぎる必要はありません。**特に女の子の場合は危険なこともあるので、ほどほどのお付き合いを心がけてください。

家に人を呼ぶ場合——先に先にの挨拶が肝心

ひとり暮らしに慣れてくると、ついつい友達を呼びたくなってきますよね。もし、友人をたくさん招いて食事やパーティ、お泊まり会などをしたいのなら、事前に隣の人や下の階の人に挨拶をしておくようにします。「○時から△時まで、友達と食事会をします。騒がしくするかもしれませんが、すみません。気になったら、声をかけてください」などと事前に言っておけば、その後のトラブルは起きにくいものです。**時間帯とお詫びの言葉があるだけで、相手の受け止め方が違ってきます。**

もし、「家族が病気だからうるさいと困る」「子どもが生まれたばかりで静かにしてほしい」などと言われたのならば、それは速やかに諦めて、外で宴会をするなり別の方法をとりましょう。「たまには友達と楽しみたい」と思っても、他人に迷惑をかけて自分だけが楽しむことは絶対にしてはいけません。

地域を知る——情報収集を始める

もし、あなたが今住んでいるところに、これから何年間か暮らす予定でいるのであれば、自分の住んでいる地域についてさらに知る努力をしてはいかがでしょうか。

日常、よく使うスーパーやコンビニなどの位置は分かってきたかもしれませんが、病院などはどうでしょうか。緊急で病院が必要になった時には、探す時間がない場合もあります。内科だけでなく外科や歯医者、耳鼻科などの専門医院も近所のどんなところにあるのかなどを調べておきます。

インターネットなどで調べることもできますが、一番いいのは地域の人からの口コミ情報です。どこのクリニックがいいのかなどの評判はやはりそこに住んでいる人が詳しいはず。挨拶した時などに、それとなく聞いてみるといいでしょう。

第3章

これからの6か月

季節や環境に
合わせて暮らす
ということ

これからの6か月では「季節や環境に合わせて暮らすこと」を考えましょう。日本には季節があります。そして、6か月というのは季節が大きく変わるために、暮らし方も大きく変わっていくタイミングなのです。

初めてひとり暮らしをする場合、最初の数か月は春から夏にかけてのことが多いと思います。でもその先の6か月は、秋から冬の生活になりますから、これまでとは違った暮らし方が必要になります。「そんなの18年以上も生きていれば分かるよ」と思われるかもしれませんが、季節による環境の変化は、住んでいる地域や場所によって大きな差があります。**特に冬から春や夏に変わるよりも、夏から冬に向かうほうが対応すべき変化は大きいと言えるのです。**

まずは、日照時間が短くなります。そして気温も大きく下がります。これまで使っていた布団では足りなくなるし、服も暖かいコートなどが欲しくなるでしょう。いくらひとり暮らしに慣れてきたから大丈夫とはいっても、自分自身の変化とはまた違う、外の変化に合わせて生活を変えていくことを覚えなくてはならないのです。

昔の人は、年中行事によって、自然に季節の変化を生活に取り入れてきたものですが、今はこうした行事も少なくなり、自分で季節の変化を意識する必要があるのです。

また、6か月経ったこの時期は、今、あなたが暮らしている生活環境についても改めて考え直してみる時期です。

自分の暮らしが落ち着いてきて、家の使い勝手も分かってきたはずです。この街や、この家の暮らしやすさについて、何かしら感じているはずです。部屋はいいけれど、周囲に買い物できる場所が少なくて不便、生活はしやすくて気に入っているけれど通勤、通学に不便で毎日疲れてしまうなど、生活の仕方を改善してもどうにもならない不都合や不具合があるなど……。そうであれば「引っ越しを検討しなければならないかも」と判断する時期でもあるのです。

つまり、**ひとり暮らしを始めて半年近く経った今は、「自分の今後の生活はこのままでいいのか」という、最終的なチェックの時期と言ってもいいでしょう。**場合によっては、「ひとりで暮らすのは私には無理だった」という人もいるかもしれません。それなら親の家に帰ってもいいのです。それも大事な経験です。今だからこそ、客観的に自分の生活を見直してみてください。

季節の変化に合わせた部屋のしつらえ

エアコンが普及し高気密高断熱の住宅が普及している現代の生活では、昔ほど季節に合わせた暮らし方を考えなくてもよくなっています。それでも、冬になれば生活のための冬支度が必要になります。さらに、家や衣類、道具の手入れが行き届くといったメリットもあるのです。**また、季節によってしつらえを変えることで、生活にメリハリや潤いができます。**

今あなたが住んでいる地域によっては、実家での暮らし方がそのまま当てはまるとはいえないかもしれませんが、まずは、実家の生活の仕方を思い出しながら、自分で考えてみることです。

実家では、季節の変わり目に何をしていたのでしょうか。衣替えをして、冬物の衣類と夏物の衣類を入れ替えていたかもしれません。そこで考えてみてください。今のあなたの生活では、衣類をどのくらい入れ替えなければなりませんか。実家では、冬に向かってヒーターやこたつ、ホットカーペットを出していたと思います。では、あなたの部屋には何があったほうがいいのか考えてみましょう。

部屋の冬支度——暖房で暖かくする前に

エアコンのないひと昔前の日本では、夏には、風通しのよい簾《すだれ》や麻のカーテンを窓にかけ、床には冷たい肌触りの籐《とう》の敷物を敷きました。また、冬には襖を入れて、外気を遮るウールのカーテンを窓にかけ、床はじゅうたん敷きにするなど、季節ごとにしつらえを変えるものでした。それが日本の季節の変化を乗り切る生活の智恵でした。

今は、そこまでする家は少ないかもしれませんが、少なくとも春夏の部屋のしつらえと全く同じままで冬を過ごす家庭はないと思います。夏のカーテンのままで暖房の暖かさを確保しようとすると、それだけで光熱費がかかってしまい不経済ですし、冬の冷たい床をそのままにしておくと家族は不快に感じるでしょう。

さて、あなたの部屋の場合はどうでしょうか。

たとえば、寝具。実家では冬には、毛布や掛け布団を一枚増やしたり、シーツを起毛《きもう》のものに替えたりしていませんでしたか。これまでの薄い布団では寒く感じたら、布団の冬支度が必要です。夏の薄いタオルケットは、洗濯してよく乾かした後、押し入れに畳んでしまっておきます。

もっと寒い地域では、エアコンのほかにもオイルヒーターやこたつを買うなどの寒さ対策が必要かもしれません。ただし、**もし新たに買うのであれば、夏のあいだは押し入れにしまっておけるような、あなたの部屋にあったコンパクトなものを探しましょう。**また、室内で羽織るものや暖かい部屋履きを用意するだけで、室温を2、3度低く設定しても暖かく過ごせるものです。**お金を出して買う前に、まずは実家にあるか相談するといいですよ。**

＊冬の衣類——冬の衣替え

これまで外出する時に着ていたパーカーやジャンパーなどでは寒く感じるようになったのなら、実家に置いてある冬用のコートやセーターなどの衣服を取りに行くか、送ってもらうかの算段が必要になってくると思います。

どういうわけか、都会で暮らす若い子、特に男の子の中に、季節感のない服を着ている人を多く見かけます。一年中お気に入りのTシャツを着ていたり、寒くてもパーカーだけ羽織っているような姿です。

中学や高校などで、制服を着ていた頃を思い出してみてください。夏服も10月には衣替えをして冬服に変わったはずです。**いつまでも半袖のシャツや薄手の上着を着ているのはみっともないし、知らず知らずのうちに身体が冷えてしまいます。**あなたの健康を守るためにも、季節の変化をちゃんと受け止めて、季節にあった服装を心がけたいものです。

✳次に使うまでの心がけ――そのまま置いておいてはいけない

さて、冬服に衣替えをするとなると、夏用の物は、次に使うまで半年はしまっておかなくてはならないわけです。「また次に着る時に洗濯すればいいだろう」と半年のあいだほうっておくと、どうなるでしょうか。汗染みで黄ばんだり、垢の黒ずみが取れなくなったり食べ物の染みが変色・変質して取れなくなったりします。**だから、必ず洗ってからしまっておくのです。**

薄手のシャツ、麻のジャケットなど明らかに夏用のものは、洗濯やクリーニングに出して綺麗にしてからクローゼットなどの片側に寄せてかけておきましょう。白いシャツと濃い色のシャツを隣同士に置くと、万が一、色移りして着られなくなるかもしれないから気をつけてください。

サンダルや夏用のスニーカーは、さっとでいいので表面の汚れを拭いて高いところに置いておきます。低いところは湿気が溜まるので、靴はあっという間にカビてしまいます。同じ理由で、夏用のタオルケットなども洗った後は、なるべく押し入れの上段や棚に置いておきましょう。

おまけ――夏に向けた準備について

さて、今度は冬から、春夏になる前の準備についてもお話ししておきたいと思います。この時期にも、冬と同じく衣替えは必要ですし、冬に使った暖房器具はしまわなくてはなりません。

まず、部屋で使っていたオイルヒーターなどは表面を拭いて、できれば大きめのビニール袋をかぶせて押し入れの奥へ。ホットカーペットやこたつ布団は、表面の汚れを取ったりカバーを洗ったりした後に、小さく畳んで押し入れへ入れます。

冬布団はカバーを外して洗い、よく日に干してから押し入れに畳んでおきます。毛布はコインランドリーで丸ごと洗うといいでしょう。冬布団は冬用のシーツで、一式くるんでしまっておくと、夏の間に埃がつきません。

次はコートやダウンジャケットなどの冬服です。なかなか買い換えないこともありますから、手入れはしっかりして次に使えるようにしたいものです。まずは、表面についた埃や汚れを乾いたタオル（あれば洋服用のブラシ）でさっと取ってから、クローゼットの片側に寄せておきます。ウールやカシミアなど天然素材の上等なコートで自分の部屋での保管が無理なら、実家に頼んで預かってもらうといいかもしれません。

コートやセーター類は、汚れているならクリーニングに出してからしまいます。**クリーニング屋さんのビニールのカバーはかけっぱなしではいけません。**こちらは長期保存用ではありませんから、そのままにすると湿気でカビることもあります。専用の保存用の衣装カバーにかけなおす必要があります。

面倒だなと思うかもしれませんが、この手入れはしておかないとせっかくの衣類がだめになります。夏は特に衣類を喰う虫が発生して、穴をあけられてしまうかもしれませんから気をつけてください。

季節の変わり目にやること

衣替えの注意

ぎゅうぎゅうに詰めない!

プラスチックの衣装ケースなど

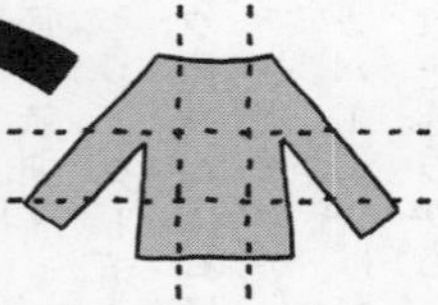

洗濯やクリーニングをしてから、真ん中に折り目がつかないよう三つ折りにしてしまう。

洗わないものはブラシをかけて陰干ししてから
重い洋服はクリーニング店の針金ハンガーではなく厚みのあるハンガーに替えて保管

クリーニングのビニールは取る

家電製品の注意

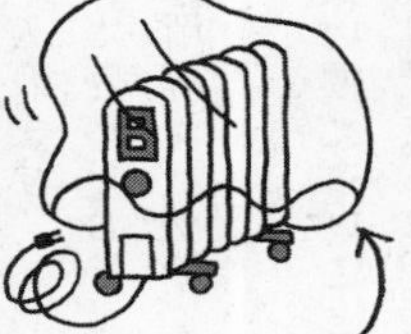

オイルヒーターは表面を拭いて大きめのビニール袋をかぶせてしまう

ホットカーペットやこたつ布団は表面の汚れを取ったりカバーを洗って小さく畳んでしまう

エアコンは季節の変わり目にフィルターの掃除をしておくとよい

冬の家事で注意したいこと

一年中、同じことをやっているような炊事・洗濯・掃除という家事。けれど、やはり季節が変わればすることが違ってきます。日照の具合、気温の変化、出回る食材などに合わせて、家事の仕方も工夫する必要があるのです。

人間は自然の一部ですから、季節によって身体の状態も変わるのです。たとえば、基礎代謝量が季節によって変わるのを知っているでしょうか。冬は寒さに対応するために身体がエネルギーを欲します。ですから昔から日本では、寒さに負けないために身体を温める根菜類などを使った料理をたくさん食べてきたのです。

また、夏は、暑さに対抗するために、たくさんの汗をかいて体温を下げます。ですから汗の量や垢の出る量（新陳代謝）が多くなり、洗濯も念入りにする必要があるのです。

「私の体調も、季節によって変わるのだ」と意識しながら自分の身体と付き合うようにして生活していくと、季節にあった暮らし方が自然と身についていくと思います。

今では、昔よりは室内環境に季節変化が少なく、街は都市化されたことで、一定の環境が保たれています。ですから、なおさら自分自身で季節の変化を感じ取って生活していかないと、いつの間にか体調を崩してしまうこともあるのです。

✳冬の洗濯——乾き方が変わる

①干し方

季節によってもっとも変化が大きい家事は洗濯です。夏と冬では日照時間が変わるだけでなく、風向きも南から北に変わります。そして、夏よりも冬のほうが地域による違いは大きく、雨が少なく乾燥しやすい地域、そして逆に雪が多く湿度の高い地域などの特徴が出てきます。だから、**同じ部屋であっても、季節によって洗濯物を干す場所や時間を変えたほうが良い場合が多いのです。**

たとえば雪国などでは、部屋の湿度が高く、洗濯物の室内干しは向かないため、乾燥機が必要になるかもしれません。関東のように乾燥する地域では砂埃がたちやすく、外干しでは洗濯物がかえって汚れてしまうこともあるので、部屋干しにしたほうが良い場合もあります。

冬は、太陽の位置が低くなるので、部屋に日が差し込んで部屋干しでも洗濯物がよく乾くこともあります。夏の間は暑くて嫌だった西向きの窓は、冬場にはよく日が当たり重宝する場合もあるのです。こうした季節によって変わる部屋の使い方にも、目を向けてみるといいですね。

②ウール製品の洗い方

冬の衣類は、夏物と比べて洗濯する時に、気を配る必要があります。まず、セーターやマフラーなどのウール製品は、そのまま洗濯機に放り込んではいけません。**衣服には洗濯表示が必ずついていますから、洗濯機で洗えるのかクリーニングに出したほうが良いのかを一度は確認してください。**

洗濯機で洗える場合も、ネットに入れて、専用の洗剤を使って洗う必要があります。そうしないと、縮んだり表面が固くなったり変形したりすることが多いのです。

小学校時代に家庭科などで、洗濯表示について学んだことがあるのではないでしょうか。今は、新しい表示に変わっていますから、一度確かめてくださいね。

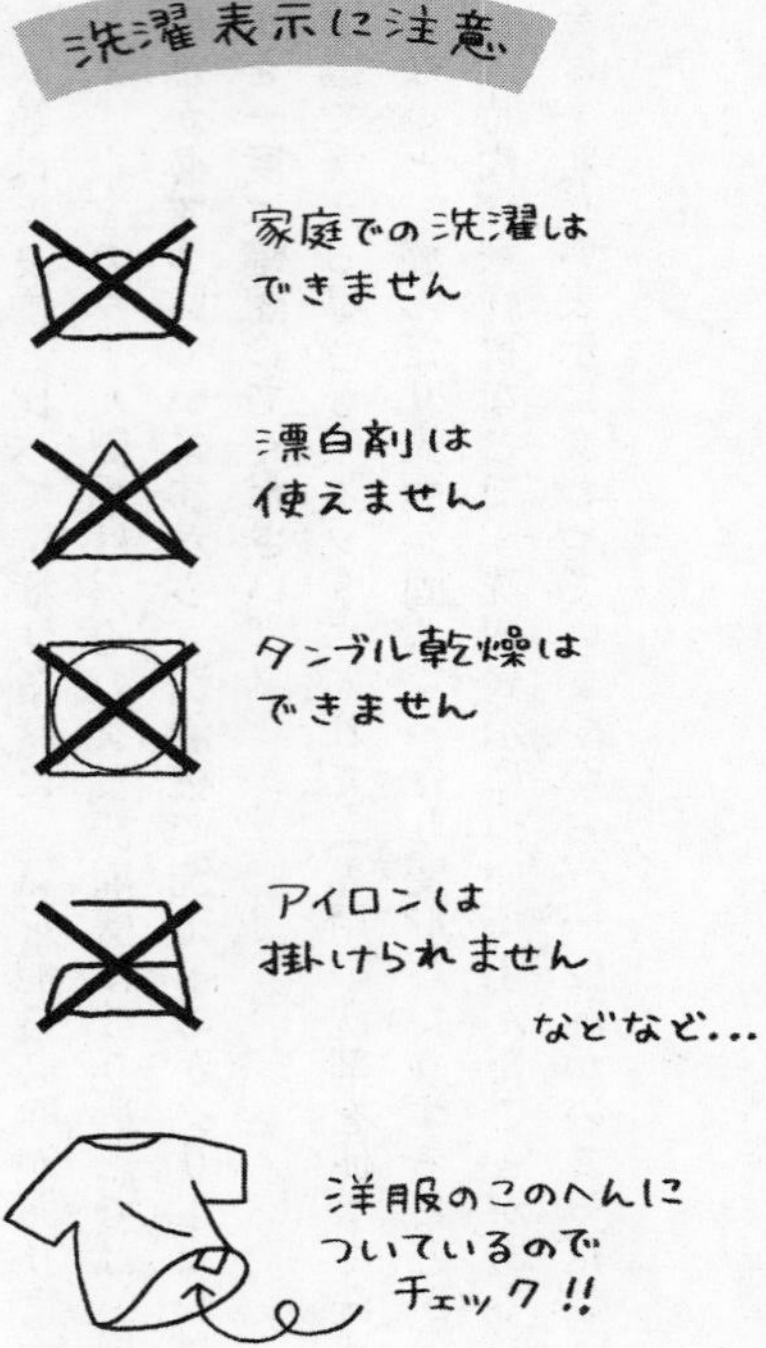
洗濯表示に注意
家庭での洗濯はできません
漂白剤は使えません
タンブル乾燥はできません
アイロンは掛けられません
などなど…
洋服のこのへんについているのでチェック!!

2016年に新しい洗濯表示の記号がついた衣類などの販売が始まりました。これ以外にも全部で41種類の記号があるので、詳しくは消費者庁のHP（caa.go.jp）でチェックを。

＊冬の掃除——綿埃に注意

季節によってあまり変わらないと思われているのが掃除ですが、実は、着ているもの、使っているものが変わるために、掃除の仕方も変わってくるのです。

部屋の埃の多くは、布から発生していることをご存知ですか。**寒い冬ではニットや厚物の服を着て、また寝る時にも起毛した布団などを使うため、綿埃が夏よりも多く発生してしまうのです。**さらに、乾燥していると静電気が発生して着ている服に埃が吸着してしまうこともあります。それらが床に落ちて室内の埃になるのです。

ですから、冬場こそまめに掃除機をかけたり、フローリングワイパーを使用したりして埃対策をしてください。**夏場では雑巾がけを推奨していましたが、冬場は雑巾がけよりも埃を吸い込む掃除機のほうが良いと思います。**

布団をしまう時などに、窓を開けて部屋に風を通すと、軽い綿埃などは、そのまま外に出ていってくれます。寒くても、風通しはしてくださいね。

＊冬に食べたい料理――身体を温めるものを

夏の間は、冷たい麺や生野菜のサラダで食事をすませる人も多かったかもしれません。暑い季節には、冷たい食材や身体を冷やす食材がおいしく感じるものです。

ですが、好きだと言っても、そのまま夏の食生活を続けていてはいけません。「野菜を摂らなければ」と野菜サラダを積極的に食べ続ける人も多いと思います。決して悪い

心がけではないのですが、生野菜は身体を冷やすことを忘れないでください。

冬場には、**身体を温めることが大切ですから、温野菜や、鍋物などでたくさんの野菜を摂ることを心がけてください。**冬の寒い時期に、体温を維持するために、身体を温める食事を摂ることはとても大切なのです。

まずは食材です。旬のものを食べるということは、その季節に必要な栄養素を摂るということです。冬の旬の野菜といえば、白菜やキノコ類、大根や里芋などの根菜類です。ひとつひとつ覚えるのはたいへんでしょうから、**スーパーで山積みになって安く売られている食材、露地ものや近海ものとして売られている食材**

が、旬の素材だと覚えておいてください。

次に食べ方です。鍋やスープなどの温かい料理にして食べてください。たとえばショウガは身体を温める食材と言われていますが、実は、生で食べると逆に身体を冷やします。冷奴にショウガは夏の定番料理ですよね。それが湯豆腐などの温かい料理とともに食べると身体を温めてくれるのです。生野菜だと身体を冷やす野菜も、温野菜にすれば身体を温めてくれます。同じ食材でも、料理方法が違えば効能も変わってきます。

冬の間は、冷たいジュースやビール、アイス類はなるべく減らしましょう。もちろん、我慢する必要はないので、冷たいものを摂る時には、なるべく温かいものと組み合わせて摂るようにしてください。

＊夏から冬への健康管理――冷え、乾燥、風邪対策

この章では、なんだか「寒さ対策」「冷え対策」ばかりお話ししているようですが、冷えは万病のもとと言われています。実は、人間の代謝機能は37度くらいでもっともよく働くと言われているそうですよ。

ひとり暮らしのあなたには、身近にいてうるさく冷えに対する注意をする家族がいま

せんから、あなたが知らず知らずのうちに身体を冷やしてしまい健康を損ないつつあるのではないかと心配です。**特に女性の場合は、若い時の冷えが原因でその後にいろいろな疾患を抱えてしまうことが多いそうです。**今のうちに自分で心がけて、必要な衣類や道具はちゃんと揃えるようにしてください。

①身体をリラックスさせるために暖かい布団で寝る

さて、あなたの寝具は今どうなっていますか。面倒くさいからといって、まだ夏物の布団で寝ていませんか。冬用の布団がないからと、フリースやセーターを着込んで薄い布団にくるまって寝ていませんか。

身体を縮こめて寝ていると、肩が凝ったり、首筋を痛めたり、眠りが浅くなったりして睡眠障害になることがあります。寝ている間に体温を奪われないだけでなく、十分な睡眠をとるためにも、冬布団や毛布の用意は必要です。

そして、リラックスして眠るためには、ゆったりした服を着て靴下などは履かないようにします。靴下を履いて寝ると、足を締め付けてリラックスできないし、身体や布団が温まった後で足に汗をかいて冷えのもとになります。

そのぶん、布団や毛布を2枚3枚と重ねて使い、暖かさを確保してください。特に首

（肩）や足をしっかりくるんで暖かくして寝てください。**「首」がつく身体の部分、「首、手首、足首」を温めるとリラックスできる、と覚えておきましょう。**

②下半身を冷やさない

寝る時は靴下を履かないほうがよいと話しましたが、起きている時は靴下を履いて足を冷やさないようにしましょう。台所に立つ時などはスリッパも履くと、体温が下がるのを防げます。

また、フローリングの上に直に座っていませんか。**お尻や腰、そしてお腹を冷やすと便秘や下痢になりやすいだけでなく、女性では不妊の原因になりかねないといった心配があります。**男性でも、冷えがもとになって腰痛などの関節痛や椎間板ヘルニアなどにならないとは限りません。若いからと油断していると、将来、身体の不調を引き起こすことになります。今のうちからしっかり予防してください。

座布団がないならクッションでも、また、畳んだタオルケットでも、なんでもいいのです。**床に直に座る場合は、何か敷くようにしてください。**

③重ね着で温度調節をする

最近の衣類には、化学繊維で保温性や発熱性のある素材が使われているものが多く出回っています。これらの服をあなたは快適に使えているでしょうか。

まず気をつけてほしいのが、温かいと信じているぶん、薄着になりすぎていないか、ということです。また、動いた時に温まりすぎて汗をかき、乾きにくい素材であるために、逆に汗が冷えてしまうことも心配です。それだけではありません。実は、化学繊維の特徴として、着ていると肌の水分が奪われて乾燥肌になってしまったり、肌の弱い人では、アレルギー症状(肌が赤くなる、こすれるところがかゆいなど)が起きることもあるのです。

衣類による温度調節は、重ね着が一番です。まずは、肌に直接触れる下着などは木綿や絹など自然素材のものを着ることで、乾燥やかゆみを防げます。その上にTシャツなど肌に優しいもの、そしてセーターなどのウール素材、最後にコートやジャンパーなどの羽織るものです。こうした重ね着によって「暑ければ脱ぐ、寒ければ着る」ことで体温調節をしていくのがベストです。

フリースなどの化学繊維のものを着る場合は、自然素材のものの上から着て、なるべく肌に直接触れないようにします。体温は保ちやすいかもしれませんが、汗をかくままにしておいてはいけません。脱ぎ着しやすいコーディネートを心がけてくださいね。

④風呂に浸かる

あなたはちゃんとお風呂に入りますか？　それともシャワー派でしょうか。あなたがシャワー派だったとしても、**冬はときどき、バスタブにお湯を張って浸かることをおすすめします。**ぬるめのお湯にしてゆっくり浸かると、身体が芯から温まります。ぬるめとは39度〜40度前後と言われていますが、温度設定なんて気にしなくても、自分の身体の感覚を頼りにすればいいのです。熱く感じない、そして自分が気持ちの良い温度で構いません。

お風呂から上がったら、髪の毛をしっかり乾かして、身体が冷えないうちに布団に入りましょう。こうしたちょっとしたことで、あなたの身体はリフレッシュされて、気持ちよく眠ることができるはずです。

⑤朝に温かいものを胃に入れる

あなたは、しっかり朝食を食べていますか。朝食をしっかり食べてほしいのはやまやまだけれども「朝食は野菜ジュースだけ」でも体調がいいのなら、それは仕方ありません。ただ、**冬の寒い間だけでも、朝には温かいものをお腹に入れるようにしてください。**

ホットミルク、ホットオレンジジュース、粉末スープ。コーヒーを飲むならミルクを入れて。温かいものを胃に入れるだけで、身体の冷えは防げます。意外に白湯《さゆ》（ただのお湯）もおいしいものです。ぜひ試してください。

⑥部屋の乾燥を防ぐ

あなたの住んでいる地域はどんなところでしょうか。雪が多い地域でしょうか。それともあまり寒暖差は大きくない地域でしょうか。もし、あなたが冬場に乾燥する地域に住んでいるなら、肌が乾いてかゆくなったり、風邪をひきやすくなったりしているかもしれません。知っているとは思いますが、ウイルスは湿気が苦手です。室内はほどほどに湿度を保っておくと、いろいろな面で健康に良いのです。

お金を出して加湿器を買わなくても、部屋の乾燥を防ぐ方法はいろいろあります。洗濯物の室内干しは、部屋の乾燥を防ぐメリットがありますね。前の晩にお風呂に浸かったなら、翌朝までお湯を張ったままにして、お風呂の戸を開けておいてもいいのです。乾燥しすぎて喉が辛い時は、枕元に濡れたタオルを干しておくだけでも効果があります。

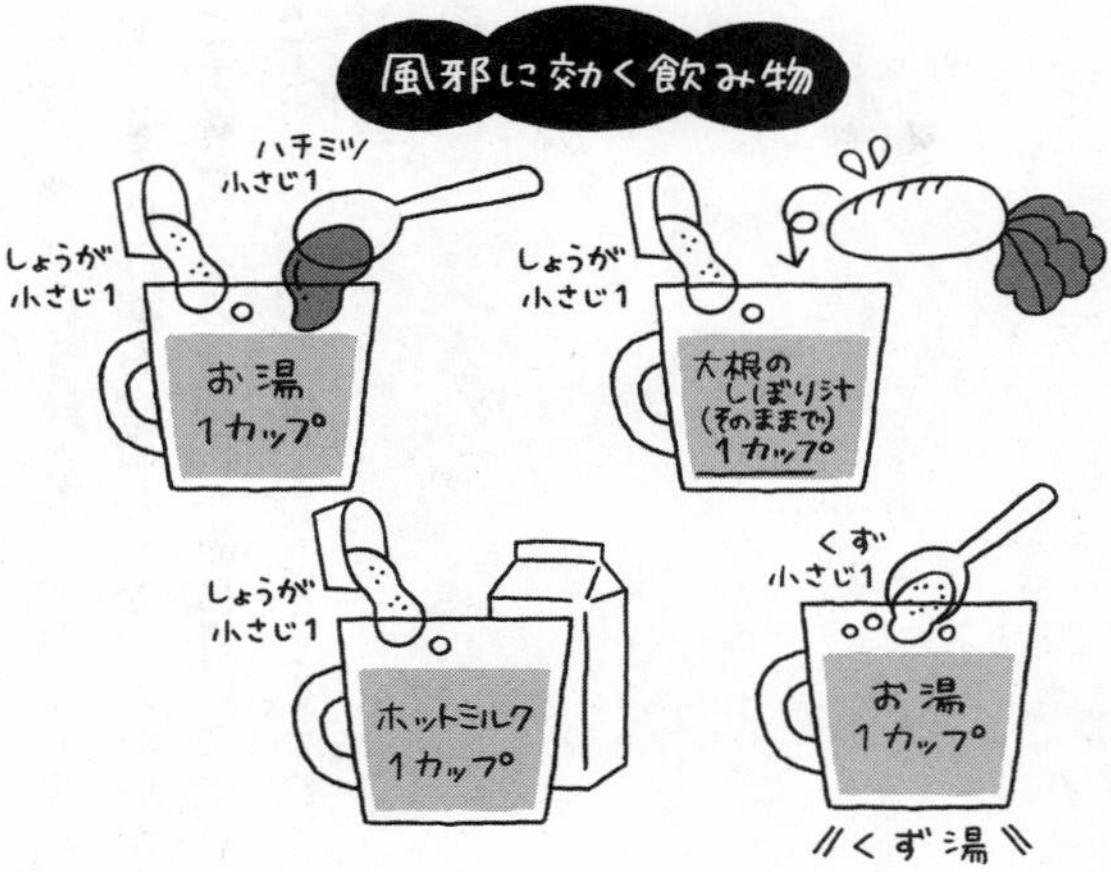

乾燥していると感じているのに何も対策をしていないと、風邪をこじらせたり、インフルエンザにかかってしまったりしますから、ちゃんと対策をとってくださいね。

⑦風邪はひき始めに対処する

いくら部屋の乾燥に気をつけていたとしても、やはり冬には風邪やインフルエンザが流行します。外に出る時はマスクをしたり身体を暖かくしたり湿度を保ったりして予防するのが第一ですが、ふとしたはずみに風邪をひきこんでしまうこともあるでしょう。

喉が痛い、背中に寒気がする、といった風邪の症状を感じたら、すぐに対処しましょう。**まずは首まわりを暖かくすること。また温かい食べ物や飲み物をお腹に入れるのも大切で**

す。そして、少しでも不調を感じた日は、夜更かしせずに早く眠ること。「葛根湯《かっこんとう》」という漢方薬はご存知ですか。風邪のひき始めに効能がある有名な漢方薬です。こういう薬を常備しておくといいかもしれません。また、冬は病気をしやすい季節ですから、そのほかにも先に書いたように、胃腸薬、風邪薬（漢方では効かなかった場合など）、解熱剤などは用意しておいたほうがいいでしょう。

日本の季節の行事を楽しむ暮らし

若い人たちの年中行事というと、クリスマスやバレンタイン、最近ではイースターやハロウィーンなど、どちらかというと西洋文化から来ているものを思い浮かべるのではないでしょうか。ですが、日本には季節や風土が育んできた伝統行事というものがあります。お盆やお正月はまだ生活の一部として組み込まれているかもしれませんが、それ以外の日本ならではの、季節の行事についても、知っておいてもらいたいと思います。

ひとり暮らしのあなたには関係ないと思われるかもしれません。でも、あなたが将来家庭を持った時などに役立つことがあるはずです。**伝統行事は「しなければならないこと」ではありませんが、取り入れることで生活をより深く温かいものにし、つつがなく日常の生活が送れていることへの感謝の気持ちも湧いてくるもの**です。

また、行事を通して、家族だけでなく、友人やご近所の人とも仲良くなれる機会でもあるのです。日本の文化を知るチャンスでもありますから、少し話にお付き合いください。

p.179、180に、簡単ですが、日本の年中行事の一覧と、ひとり暮らしでもできそうなヒントを載せておきますね。

✳大掃除をする──感謝と願いを込めて

日本の一番の伝統行事があるのは、年末年始です。大晦日までに家を清めて、除夜の鐘を聞く。そして、家族揃って新年の挨拶をし、初詣に行く。ひとり暮らしのあなたでも、やはり年末には自分の住んでいるところを清めてください。

そもそも、大掃除は何のためにするのか、知っていますか。今までサボっていた掃除を年末にまとめてやることではありません。1年間、生活しているとさまざまな汚れが溜まるもの。その汚れを綺麗にし、清浄な部屋にして、新しい年（歳神《としがみ》）を迎え入れるための準備の行事なのです。だから、「お正月は実家に帰るからいいや」ではなく、ひとり暮らしのあなたを支えてくれた部屋に感謝して、新しい1年が良き年であるように願いながら、大掃除をしてください。

①まずは玄関と水回り

まず、いつもしている掃除は一通り行います。そして新年を迎えるためにしておきたいのが、玄関と水回り（台所、トイレ、風呂）の掃除です。**幸せを呼び込むために、玄関は綺麗にして新年を迎える、そして病気を寄せ付けないために水回りは綺麗にしておく**、という風習があるのです。できれば玄関の外の通路まで掃き掃除しましょう。

②溜まった汚れを綺麗にする

次に、掃除しておくと良いのは、あまり普段は掃除しない場所です。窓ガラス、暖房器具、換気扇、レンジフード。そして、カーテンも洗いましょう。カーテンは汚れを吸着しやすく結構汚れています。この時期は乾燥しているので、洗いあがったら軽く脱水してカーテンレールにつけておけば自然に乾いてくれます。後は食器棚や下駄箱、本棚などの棚板。こちらも、目に入らないけれど汚れている場所です。チェックしてみて、「これは」と思ったら面倒くさがらずに拭き掃除をしましょう。

③床や畳も綺麗にする

掃除機をかけたからいいや、ではなくせっかくですから、畳やフローリングの床の表面を、固く絞った雑巾で拭き掃除してみてください。まるで洗ったかのようにすっきり清潔になりますよ。ドアノブや電子レンジの扉など、よく触れる場所も、拭いてみると手垢がついていたことが分かります。どちらも水拭きで十分、汚れが取れます。

④光らせると気持ちがよい場所

掃除の仕上げとしておすすめなのが、蛇口などの金具を磨くことです。洗面所や台所の水栓部分は、古くなった歯ブラシやスポンジでこするとピカピカになります。金属部分が光っていると、それだけで清潔感が感じられますし、何よりも「掃除した!」と満足感が湧いてくるでしょう。

⑤溜まっているごみを捨てる

掃除をしたら、最後にしなくてはならないのがごみ捨てです。あなたの部屋に、収集の日に捨てそびれている、ごみはありませんか。特に、粗大ごみや、ビン・缶類などは置いたままになっていないでしょうか。ごみを新年に持ち越してはいけません。

まずは、12月の収集日を確認して、計画的に捨てましょう。粗大ごみの場合は、自治体などのホームページで確認してから処理します。昔の人は、「貧乏神は汚れたところが好きだから、ごみがあると貧乏神が棲《す》みついてしまうよ」と言ったものです。貧乏神に気に入られないように、自分の部屋にごみを置いたままにしないでおきましょうね。

✳お正月のしつらえ——実家に帰るにしても部屋は整える

あなたは、お正月には実家に帰るのでしょうか。それとも、自分の部屋で過ごすのでしょうか。どちらにしても、少しお正月のしつらえをしてみませんか。

日本のお正月のしつらえは、単なる飾りではありません。それぞれに意味があり、そこに込められた願いがあります。**健康で生きていけることを謙虚に感謝する気持ち、それは純粋に「この日々が続いていきますように」という願いでもあります。**日本ではそうした「日々を暮らせる願い」を神さまにお願いし、そして心を寄せてきました。ですから日本では、特にお正月を大切にするのですね。

難しいことではありませんし、絶対にやらなくてはいけないものでもありません。少しお正月を楽しむぐらいの気持ちでやってみてはいかがでしょうか。

①正月飾りをつける

まずは、玄関のドアに正月飾りをつけてみませんか。昔ながらの松飾りでも今風のリースでもかまいません。今では100円ショップでもかわいい飾りがありますね。とはいえ、もしあなたが女性だったら、女の子の部屋と分かるようなあからさまなものは避けてください。ドアの外が心配でしたら、玄関にお正月飾りをかけておいてもいいですよ。

松飾りを外すのは「松の内」があける日です。1月7日（関東）か15日（関西）には外すようにしましょう。

②鏡餅を飾る

鏡餅は、お正月のあいだ歳神さまが拠《よ》る場所だということをご存知ですか。形だけのものでいいので、飾ってみてください。コンビニで買ってもいいのです。今は、カビないためのパッケージもあります。飾る気持ちを大切にしていればいいのです。

鏡餅は、1月11日の鏡開きの日に食べるか片づけるかします。

③ひとりでお正月を迎える時の食卓

もし、あなたが何らかの事情があってひとりでお正月を迎える場合、ひとりでお節料理を用意するのは無理というものです。スーパーやコンビニでひとり用のお節料理を買ってもいいけれど、あまりおいしくもないものを無理して食べる必要はありません。

でも、お正月を祝いたい気持ちがあるのならお雑煮ぐらいは食べてはいかがでしょうか。実家のようにだしをとって、なんて面倒なことはいりません。インスタントのお吸い物に焼いたお餅を入れれば十分です。日本のお正月を祝うのは、そんなに苦労しなくてもできるはずですよ。

初詣に行く――地域の氏神に挨拶する

あなたがこの地域に暮らし始めたのは、何かの縁があったからでしょう。これまであなたは、今住んでいる地域の神社（氏神・産土神《うぶすながみ》）がどこかなんて考えたことはなかったかもしれません。でも、せっかく縁があってここにいるのですから、ぜひ地域の神社に初詣に行ってみてください。そして、少しその神社の由来についても知っておいてください。神社には立札や看板などに由来が書かれています。自分の暮らす土地のことを、もっとよく知る機会になるでしょう。

将来、あなたが子どもを持った時には、氏神さまにお参りすることがあると思います。生後1か月で「お宮参り」。女児の3歳、7歳、男児の3歳、5歳で行う「七五三祝い」。これらは氏神さまへ、子どもが無事に育ったお礼とこれからも無事に育つようにご挨拶をする行事です。その時はおそらく違う土地に暮らしているとは思いますが、**どこで暮らしていても、その土地の氏神さまへの感謝の気持ちを持っていてほしいと思います。**

ひとり暮らしでも できる年中行事

1月
7日　七草粥

前の日のごはんをお湯で煮ておかゆにし、大根やカブの葉などを刻んで入れて塩で味を調えるだけで、おいしい七草粥に。

3月
3日　桃の節句

女性の場合は、雛人形を実家に預けっぱなしにしないで内裏雛だけでも飾ると、部屋が明るくなります。

5月
5日　端午の節句

柏餅を食べるだけでも。余裕があれば菖蒲を買ってきて菖蒲湯にしましょう。

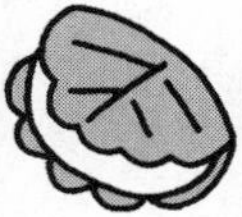

2月
3日　節分

煎り大豆がコンビニなどで売られているので、買ってきて年の数を食べるだけでも。大豆は健康的なおやつにもなる。恵方巻を夜ごはんに食べるのもおすすめです。

4月
お花見

近所にどこかしら、桜の木があるはず。いつもの通り道からちょっと外れて、お花見をしながら歩いてみてはどうでしょう。

6月
22日頃　夏至

1年でもっとも昼が長い日のこと。この日から、本格的な夏が始まります。夏の準備をする頃です。

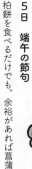

日本ではどんな年中行事があるのか知っていますか。せっかく日本に生まれたのですから、ここで少し日本の行事について知っておいても損はありません。簡単ですが、季節に合わせた行事と「もし、ひとり暮らしでやってみるなら」というヒントをご提案します。

7月

7日　七夕

帰り道に、ちょっと夜空を見上げて星を眺めてみましょう。

8月

13～15日　お盆

亡くなった祖父母や親戚のことを思い出してくれるだけでも嬉しいですね。

9月

23日頃　秋分

春分（3月）と同じく、昼と夜の長さが同じくらいになります。彼岸として御先祖に感謝を伝えお墓まいりに行きます。

10月

お月見

和菓子を買ってきてお皿に出してお月様に供えてから、食べてはいかが。

11月

7日頃　立冬

その名の通り、冬の始まりです。関東以南では、紅葉が始まり、本格的に冬の支度を考える時期です。

12月

22日頃　冬至

ゆずを1つ奮発して買って、お風呂に浮かべゆず湯にして入ると風邪予防に。

生活環境について検討する

先に、この時期は、今後もここで快適に生活していけるかどうかについて考えてみる時期でもあるとお話ししました。初めてのひとり暮らしの場合、他の部屋での生活を経験したことがないでしょうから、比べることはできなかったかもしれませんが、半年以上経てば、友達のアパートと比べたり、同じ家賃でもこんなところがあるなど、よその物件が気になってくる頃だと思います。

一番気にかけてほしいのは、今の部屋とあなたの相性です。隣近所との生活時間があまりにも違いすぎて住みにくい、夜帰る時に道が暗くて怖い、日当たりが悪くて気分が落ち込むなど暮らしてみてはじめて分かることも多いはずです。

「自分には、あの辺のほうが便利だし、家賃もこっちよりも安いから引っ越してみようか」などと少しでも思っているのなら、引っ越すためにどうしたらいいのかを考えてみるべきです。「自分はこの暮らしがあっている」と住み続ける決心をしたのなら、改めて今後の「この部屋での生活」について考えてみてください。

＊インテリアを考える――住み続けていくためにしたいこと

もし、あなたが今のまま、その部屋に住み続けようと思っているのなら、少し部屋の内容をグレードアップしてみてもいいかもしれません。何も高級家具を買いなさいと言っているのではありません。**これまで少し不便に感じていたこと、または少し我慢していたことを解消してみましょう**、ということです。「ちゃぶ台で勉強するのは疲れるので、机を買いたい」「床に直に座っても疲れが取れないから、ソファを置きたい」。こういった、自分の生活を快適にするものを買うのは、大切な投資だと私は思います。

少し高いものでも、じっくり選んで「これだ」と思えば買ってもいいでしょう。**家具類は昔から「三度見に行け」と言う**のをご存知ですか。「3回見に行くほど欲しいもので、なおかつまだ売っていたのなら、それはあなたが買ってもいいもの」だという意味です。もちろん、無理な借金はしてはいけませんよ。

計画的に資金を貯める――目標をもつ

さて、暮らしに慣れて生活が安定してきたのなら、少し長期的な目標を立ててみてください。どこかに旅行に行くとか、こんな趣味を始めたい、こんな資格を取りたいなど、少し先の目標です。

「勉強や、仕事に追われてそれどころではない」という人もいるかもしれませんが、**人は小さなこと何かひとつでも目標があると、それに向かって前向きに生活できるものなのです。**もし、資金的に少しかかるのなら、それに向かってお金を貯めることも目標の一部になっていくはずですよ。

引っ越しを検討するなら――準備を入念に

今の部屋が嫌だからといっても「明日引っ越します」というわけにはいきません。引っ越すにはたくさんの準備が必要です。実家から引っ越してきたあなたは、おそらくほとんどのことを親がやってくれたのではないでしょうか。でも、今度引っ越す時は、ひとり暮らしのあなたが全てを行わなくてはならないのです。さらに、どんなに嫌な思いをしていたとしても「立つ鳥跡を濁さず」を肝に銘じて、きちんと部屋を引き払う大人としての行動をとってください。

p.186、187に簡単に、家探し&引っ越しマニュアルを載せましたので、参考にしてください。

①まずは親に相談を

引っ越しを決めてしまう前に、まずは親に相談してください。あなたが未成年の場合は自分ひとりで契約することは無理ですし、成人していても保証人は必要ですから勝手に引っ越しをすることはおすすめしません。

また、引っ越しはお金がかかりますから、その費用をどうするのかもしっかり考えておかなくてはなりません。新居を選ぶ際は、自分の条件をなるべく細かくあげて探すべきです。実家から引っ越した時とは違い、今の部屋に暮らしながら探すことができるわけですから、焦らずに時間をかけて、しっかりと今度は自分にあった部屋を探す、という意気込みでいてください。

②退去の意志を伝える

新しい部屋が決まったのなら、「退去したい」旨を今の部屋の管理会社か大家さんに伝えて、手続きはどうしたらいいのかを聞きましょう。一般的に、契約書には退去する場合の規約などが明記してあります。通常は1か月前には伝えなければならないことになっているはずです。

③引っ越しの日を決めたら

引っ越す日を決めたら、電気やガス、水道を止める手続きを忘れずに行います。郵便の転送手続きをしておかないと、管理会社や大家さんに迷惑をかけてしまうこともあります。また、部屋を明け渡す時には、しっかりと掃除をしておくことが大切です。破損しているものはないか、汚しているものはないかも確認します。もし、敷金を支払っているのであれば、その部屋の消耗具合で敷金から原状回復費用が差し引かれます。綺麗な場合は、敷金のほとんどが戻ってくるはずです。

家探し＆引っ越しマニュアル

家探し

1. 家に求める条件の優先順位を書きだす

まずは、あなたがひとり暮らしするのに、譲れない条件を挙げてみましょう。「通学、通勤時間は30分以内」「トイレとシャワー付き」「南向きの部屋」「2階以上の部屋」「駅から徒歩10分以内」など希望を挙げてから、一番譲れないのは何なのか考えてみます。

2. 住みたい街を決める

通学先、通勤先からどのくらいに位置している場所が理想か考えます。そして、実際に住みたい街を調べてみます。今では、Googleマップやネット検索で街並みも調べられますが、居住に適している街と遊びに適している街は別だと考えましょう。

3. 住みたい街の不動産屋さんへ行く

住みたい街を見つけたのなら、実際にその街へ行って、不動産屋さんを探します。前もって予約しておくのもいいでしょう。実際に自分の目で見て、予想と違うと感じたら、地域を変更するなど臨機応変に。地域によって家賃がかなり違うことも知っておきましょう。

4. 物件の下見に行く

住みたい街が決まったのなら、実際に部屋を見に行きます。部屋の間取り、日当たりやカビが出ていないかという部屋の内部の状態だけでなく、駅から徒歩何分なのか、近くに店があるのか、近隣はうるさくないかなど周囲の環境も確認しましょう。

5. 一晩、ないし数日クールダウン

条件に合う、気に入った部屋が見つかっても、すぐに契約するのではなく、自分の気持ちを落ち着かせて「本当にこの部屋でいいか」を考えましょう。昼だけでなく夜の時間帯も訪れて気になるところはないか、環境をチェックしてみるといいでしょう。

6. 新居の契約をする

部屋を決めたのなら、契約をします。この時は保証人が必要ですから、親や身内の人に立ち会ってもらいます。支払いは振り込みなのか、銀行の自動引き落としなのか確認を。契約書には、いろいろな規約もありますからしっかり目を通しましょう。

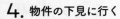

引っ越し準備

7. 引っ越しの段取りを考える

まずは、引っ越しの日を決めます。通学や通勤初日の準備ができるように日取りを決めます。そして引っ越しの日に合わせて、水道や電気、ガスなどの手続きをします。荷物は自分や親族だけで運ぶのか、宅配便や運送業者に頼むのかも決めておきます。

8. 荷造りを進める

引っ越す前は、何かと忙しくゆっくり荷造りする時間が取れないとは思いますが、自分の暮らしのための荷物は自分で用意してください。この時期に必要な衣服、引っ越してからすぐに使う日用品、キッチン用品、お風呂グッズなどリストを作るといいですよ。

9. 家具、家電などの配置を考える

部屋の見取り図は持っていますか。簡単にサイズを測った手書きの図でも構いません。図を参考に冷蔵庫や本棚、ベッドなどのサイズは大丈夫か、また、どこに配置すればいいかを考えておきましょう。引っ越してから「置く場所が無い」と言うのでは困りますよ。

いざ、引っ越し

10. 引っ越し前日は親に…

地元の友達とドンチャン騒ぎ、などということもあるかもしれませんが、それは少し前に終わらせておいてくださいね。引っ越しは、体力を必要とする1日仕事。親が手伝いに来てくれるなら、親と楽しく有意義に過ごしてください。

11. 引っ越し当日は…

業者にお願いする場合は、時間厳守です。家族で行う場合でも、早めに行動しましょう。前日までに新居の掃除が済んでいれば問題はありませんが、当日掃除する場合は引っ越し荷物を入れる前に終えておきます。荷物は、なるべくその日のうちに荷ほどきします。

12. 引っ越し後は…

まずは、その日のうちに部屋の上下左右の住人に挨拶しておきます。そして片づいたら、明日の準備を整えます。家族には、しっかりお礼も伝えましょうね。新居で暮らす、楽しさと寂しさを十分に感じ取ってください。鍵をかけるのを忘れないでくださいね。

最終章

1年経ったら

生活しながら
未来に向かって
生きていく

さて、あなたのこの1年間の暮らしはどんなものだったでしょうか。はじめて実家を出て、自分の部屋を借りて、自分ひとりの手で家事をしながら生活してきました。

身体を壊すことも、人に迷惑をかけることもなく（小さな迷惑くらいはあったかもしれないけれど）無事に生きてこられたこと、勉強や仕事など自分の務めを果たしてきたことを、私は親として、そして人生の先輩として、心から誇らしく思います。1年前の不安と期待に満ちていたあなたからは、ひとまわりもふたまわりも大人になった姿をしていることでしょう。

ひとりで暮らしてきて、あなたはどう思ったでしょうか。「生活するのはたいへんだ」という感想でしょうか。「ひとり暮らしは気楽だけれど、家事が面倒だから実家のほうが楽かな」と思っているのでしょうか。**願わくば「生活というあたりまえのことの大切な意味」を感じられるようになっていてくれると嬉しいです。**

実家にいて食器を洗って片づけたり、自分の部屋を掃除したり、お小遣いを管理したりしながら「生活」するのと、今の「自分ひとりの生活」とは何かが決定的に違っていたはずです。それは一体何でしょうか。

私からあなたに伝えたいことはふたつです。**ひとつは、あなたは「自立して生きる」ことを始めた**のだということ。**もうひとつは、あなたは「家事をする力」を得始めている**のだということ。人が生きる時に、とても大切なこのふたつのことを、自分の人生において真に始めたあなたは、いわば子どもから大人への大きな一歩をちゃんと踏み出してくれたのだと思います。

これから先の年月で、ひとり暮らしはいつまで続くでしょうか。そのうち、結婚したり子どもをもったり、仕事を移ったり、住む場所が変わったりする日が来るでしょう。もしかしたら大病をしたり、大失敗をして誰かに迷惑をかけたりすることもあるかもしれません。そして、それはもしかしたら、親が逝った後かもしれません。親としていつまでもあなたを支えたいとは思うけれど、そうもいかなくなる日が、いつかはくるでしょう。

いろいろと困難なことがあっても、**「自立して生きる」「家事をする」ことが、あなたに生き延びていく力を与えてくれると私は信じています。**そしてまた、共に生きる大切な人とのつながりをより豊かに深いものにしてくれると私は思います。

✳ 自立して生きるということ

家を出る時に「独立する」という言い方があるけれど、「自立」と何が違うのでしょう。親世代が20代の頃、自立とはまだまだ結婚や就職とイコールでした。今の世の中は、大きな変化のなかにあり、先のことは誰も分からないと言ってもいいほどです。そういう今だからこそ、「自立して生きる」ということがひとりひとりに問われているのだと思います。

冒頭でも説明しましたが、今、あらためて、自立とはどういうことかを考えてみてください。自分の言葉で言えますか？

自立とは、ごく単純に、**「自分の力で、自分の人生を、よりよく生きていこうとしていること」**なのではないでしょうか。だからこそ、生涯、自立は問われ続けるのです。そして、ひとり暮らしを決めたあなたの一歩は、「自分の力で生活しよう」と選び決めたという点で、大きな大きな一歩だったのです。

自由の代わりに孤独をしょいこむ

ここで少し私自身の話をさせてください。

私は母との軋轢《あつれき》があり、母はなかなか私がひとり暮らしするのを許してくれませんでした。都内に住み都内の大学へ通っていたため、学生時代は断固として許してもらえず、26歳になってようやく母を説得しひとり暮らしをスタートしました。26歳といえば、きちんと収入のある立派な大人ですから母ももう何も言えず、渋々OKしてくれました。

そんないきさつはありましたが、母は私の引っ越しを手伝ってくれました。内心私は、「別に来てくれなくてもいいのに、面倒だな」と思いましたが、母が帰った夜、猛烈に寂しさを感じました。

何年も恋い焦がれて始めたひとり暮らしですが、ようやくひとりの暮らしを得た夜は、ひとりであることの寂しさを心底味わったのです。人は、自由を得る代わりに孤独をもしょいこまなくてはならないのかもしれません。

また、私の息子が大学生になり自宅を離れひとり暮らしを始めた時にはこんなことがありました。息子は高校生の頃から、「大学へ進学する時は絶対に家を出る！」と熱望していました。地方の大学へ晴れて入学が決まり、私が車で荷物を運び、その日のうちに帰ってくると、その夜息子からラインが届きました。

「お母さん、無事着いた? 今日はありがとう。思ったより寂しいものだね」とあり、私はホロリとしました……。

この時、息子は、ひとりで生きることは自由ではあるけれど寂しいものであることに気づいたのだと思います。そして、きっと息子は、いつかは誰かと共に生きていく道を選ぶんだろうな、と何となく思いました。

若い時期に、ひとりの寂しさを切々とかみしめた経験がある人は、年老いて伴侶をなくして初めて孤独を味わう人とは違う人間としての強さや幅の広さがある気がします。

陳腐《ちんぷ》な言葉ではありますが「人はひとりでは生きられない」のです。

あなたが、ひとり暮らしの経験から、「自分の力で、自分の人生を、よりよく生きていこう」とする時、必要に応じて支援を求められる柔軟さと賢明さを持てるようになっていることを期待しています。

✳「自立しているか」を一生問い続ける

息子が赤ちゃんだった頃、離乳食のスプーンを親から奪い取って「自分で！」とおかゆをすくおうとし、失敗してもスプーンを手から離さなかったことがあります。床におかゆをまき散らしながら、わずかに残ったおかゆを自分で口に入れて、満足そうにしていた顔……。

「自分で自分のことができる」とは、なんと根源的でたくましい喜びなのでしょう。

トイレがひとりでできた時も、「できた！」と嬉しそうに報告してくれました。たかがトイレですが、寝たきりに近いシニアでもなんとか自力でトイレに行こうと努力するのです。そのことを思うと、ごくごくあたりまえの身近な生活動作ができることは、「私は大丈夫」と人に自信を与えてくれるもっとも根源的な行為なのだと思います。

あなたがひとり暮らしで得たのも、「私は大丈夫」という自信だったのではないでしょうか。これから先、忙しくて家事を後回しにすることがあっても、パートナーと分担しあうことがあってもいいのです。あなたの中に、「自分で生活ができる力」がしっかりと蓄えられていることを大切に思っていてください。

そして**これから一生、「私は自立して生きているだろうか」「私は誰かの自立を妨げてはいないだろうか」という問いかけを、続けてほしい**と思います。

たとえ子育て中で経済的には伴侶に頼っている時期でも、病気で寝たきりになっていても、歳を取って老人ホームに入っていても、人は自立して生きることができるのですから。

そしてまた、親として学費や生活費を払っている子どもに対しても、病気になって動きが不自由になった伴侶に対しても、ピント外れの話ばかりするシニアに対しても、**「自立して生きようとしている人」に対しては敬意を払い、支援の手を、謙虚に差し出せる人であってほしい**と思います。

＊家事をする力とは

そしてもう一つ。あなたがひとり暮らしの中で、日々奮闘しているであろう「家事」について、考えてみましょう。

実家にいた頃に「手伝って」と頼まれた皿洗いや風呂掃除は、ただただ面倒だったのではないでしょうか。しかし、ひとり暮らしの家で、自分の食事や入浴のためにするそれらの作業は、面倒ながらも確かな実感があったはずです。

お腹がすいた時ごはんを作って食べて、つくづく満足したことはありませんか。机の上を掃除して、心がすっきりして前向きな気持ちになりませんでしたか。ごみをきちんと捨てた時、近所の人に会っても堂々としていられて嬉しくなりませんでしたか。大事な用がある時に、着ていく服にアイロンをかけて気合を入れたことがありませんか。**自分のためにする家事は、しっかりと生きる力を与えてくれます。**あなたが毎日なんとかやっていくためにひとつひとつの家事の作業をしてきたこの1年間は、どれほど貴重な日々だったことでしょう。若い今、身につけた家事の力は死ぬまで忘れることがないでしょうから。そして、できるならば家事を完全に手放すことなく、生きる力を与えてくれる大切な作業として日常のなかに活かし続けてください。

家事とは①――自分で生きていける力、そして他者と共に生きていける力

家事は、生きるための作業です。お腹がすいたら調理ができて、一食食べられる。布団が汚れたら、カバーを替えて洗濯をし布団を日に干して清潔に寝られるようになる。書いてみればごく素朴なことを、ちゃんと毎日、あるいは必要に応じて自在にできるのは、考えてみれば驚くべきスキルだと思いませんか。

生活のベースとなる家事をあたりまえにやっていけるようになって初めて、働いたり学んだりといったことに全力で取り組めるものです。**家事は、「自分で生きていける力」のもっとも基本にあるのです。**もちろん、実際の日々の生活では、家事をしない日

もあっていいけれど、いざという時には「自分で家事ができる」という強みは、最期の時まで自分らしく生き切る底力になります。

1年間、家事をやってきたあなたは、家事とは「調理」「掃除」「洗濯」「家計管理」などという分かりやすい名札のついた大きな仕事ではなかったことも知ったでしょう。「調理」とは、実際にはメニューを考え、体調を考え、今、安い旬の食材を考え、1日のうちに暇を見つけて買い物に行き、家に帰ってレジ袋から野菜を出して冷蔵庫に入れ、「やっぱり外食にしようか、作ろうか」と悩み、作ることにして米を研ぎ、鍋を火にかけ……。今晩の夕食を食べるためにする、名前もない小さな作業の連続だったと思います。

生きるとは、そんなふうに細かな、一見何の価値もない作業の積み重ねです。それらは小さなパーツであっても、ひとつ失われると全体がうまくいかなくなります。

その小さなパーツの価値を知っているあなたは、いつか、誰か大切な人と共に生きていく時にも、これらの細かで膨大な作業を押しつけあうことなく、一緒に分かちあうことができるでしょう。そうすれば、家庭はいつまでも温かく、おだやかな場所であり続けることができるでしょう。

家事とは②——生活に起きる小さな変化を吸収できる緩衝材（バッファ）

生活とは、変わりがないこと、繰り返しの代名詞のようなものです。毎日、朝になると起き、ごはんを食べ、トイレに行き、帰ってきたらごはんを食べ、風呂に入り、いつもの布団で寝る……。けれど、もし戦争が起きたら、そんなあたりまえの繰り返しさえできなくなるでしょう。**つまり、生活は変わらないことに価値があるのです。**家事もまた、変わりなく繰り返していくこと、繰り返していけることに価値があります。

けれど、一見変わらない繰り返しだからといって、寸分たがわず同じかというと、そうではありません。昨日は飲みすぎたから、今朝は食欲がない。今日は春なのに、冬のような寒さだ。自分自身も環境も、まったく同じ日はありません。

その小さな変化を受け止めて、小さく修正をしながら昨日と同じように生きていけるように調整するのが家事なのだ、と考えてみてください。食欲がない朝には、昨日のパンとコーヒーとは違って、白いごはんと梅干しを用意して、昨日と同じように朝ごはんを食べられるようにする。寒い日には、いったんしまった冬のコートを出して、昨日と同じように出勤できるようにする。

家事を緩衝材として工夫して使いこなすことができるようになると、いろいろあって

も、毎日を変わりなく続けていくことができるのです。そう考えると、家事はたいへんクリエイティブな作業だと思えてきませんか。

家事とは③——「今、ここ」を受け止め、苦しい時に立ち直る力

毎日は、いいことばかりではありません。どちらかというと、苦しいことや悲しいことのほうが多いのではないか、と思いたくなりますね。親としては、あなたがひとりで涙するようなことには出合わないでほしいけれど、そういう体験もあなたが自分の人生を自分の足で歩んでいるからこそ。駆けつけて涙を拭いて、抱きしめてあげることはできないぶん、あなたに知っておいてほしいことがあります。

辛い時、悲しい時にこそ、家事に向き合ってみてください。

食べる気力もない時に、お腹がすいたまま寝るのではなく、お米を研いでほかほかのごはんを食べようとしてください。そのごはんの温かさが、きっとあなたの心を温めてくれます。自分のためにお米を研ぐ作業に向かう気力が、明日、立ち上がる気力を生み出してくれます。

仕事に挫折した時にも、部屋に閉じこもり、「どうせ自分なんて」と投げやりになってごみや埃にまみれないでいてほしいのです。仕事のことはいったん頭から追い出して、

机の上に散乱しているペットボトルやお菓子の袋を片づけ、机を綺麗に拭いて、部屋に掃除機をかけてみてください。自分の身辺を整理する作業が、心を整理する助けになるはずです。

何もする気力がない時に、家事なんて面倒なことをなぜしなければならないのかと思うかもしれません。**けれど、やってみれば分かるでしょう。家事は、「今、ここに生きている自分」をしっかりと受け止める作業なのです。**それによって、立ち直るための力を少しずつ蓄えられるのです。

※生活とは何か

私は、これまで常に「生活とは何か」を考えてきました。生活を一般的にみると「日々の変わりない繰り返し」であり、また、生活における家事は「変化がない単純作業」だと思われているようです。

でも今までお話ししてきたように、「生活」は自分の外面ならず、内面も含めた環境の変化に合わせて、少しずつ変わっていくのです。ですから**「生活」とは、つまり「環境の変化を飲み込み、または変化を緩和して毎日をそつなく生きていくもの」**だと私は思っています。

夏になれば、夏服を出し、風通しを良くして暑さを緩和する。冬になれば暖かい布団を用意し、暖房器具を出すなど、その時の変化に対応した暮らしをする。毎日の生活の中で、あなたなりの工夫をしていく大切さを少なからず感じてきたのではないでしょうか。

ひとつ覚えておいてほしいのは、誰しも去年と今年は同じではないということ。**今までちゃんとやってきた生活が、今まで通りにできなくなるようなタイミングが必ずきます。**でも、それはあなたの人生の転換期なのだと知っておいてください。

学生なら就職して社会人になる時。社会人なら、転勤や転職、そして結婚など、自分のこれまでの生活を大きく変える転換期がくるはずです。特に結婚は、ひとり暮らしからの大きな変化です。ですが、どの場合であっても、「これまではラクだったのにたいへんになった」のではなく、「新しい変化に、新しい生活を合わせるタイミングがきた」のだと前向きにとらえてみてください。

✳人生のフェーズについて考える

私はこの本で、はじめてひとり暮らしをするあなたに、しっかりとした「人としての生活」を送ってもらいたくて、細かいお話をしてきました。この1年を通して得たことは、これからの人生の糧《かて》になるのだということも伝えてきました。

そこで、最後に、これから先の長い人生について考えてみてもらいたくて、「人生のフェーズ」についてお話ししたいと思います。

私は、これまでいろいろな場所で、人生には「多くの節目がある」と語ってきました。つまり**人の一生は、その年齢や立場によって3つの大きな舞台（プラットフォーム）があり、そしてその舞台の中に12の相があるという考え方です。私の著書『人生十二相おおらかに生きるための、「捨てる！」哲学』（イースト・プレス刊）**でこの話を詳しく説明しています。

この「人生十二相」は、「一般的には、このような、人としての人生があるよ」という考え方ですから、もちろん、あなたに「このように生きていきなさい」といっているのではありません。「こんなことが人生では起こるのだから、その時期になったら自分はどうしたいのかをあらかじめ想定しておいてね」という目安ですから、気軽に考えてみください。

それでは、その『人生十二相』について簡単に説明しましょう。

✳ 3つのプラットフォームと12のフェーズ

①ひとりだちプラットフォーム

生まれてから家を出て自立するまでの「子どもの時期」のことです。

第1フェーズ・第一の薄暮期（誕生から3歳頃）

いわゆる赤ちゃんの時代です。

第2フェーズ・真似期（3歳頃から6歳頃）

人の真似をしながら、いろいろと学習していきます。

第3フェーズ・手伝期（6歳頃から12歳頃）

親や大人を手伝うことで生きる術を学んでいきます。

第4フェーズ・第一の自主期（12歳頃から22歳頃）

思春期を経て、家族などから独立する時期です。あなたたちは今この期にいますね。

②つながりプラットフォーム

自分の家や家族とつながり、さらに仕事などから多くのヒトやモノと関わっていく時期です。

第5フェーズ・自立期（22歳頃から27歳頃）

親からの何らかの自立を始める時期です。

第6フェーズ・第一の模索期（27歳頃から35歳頃）

自分の家族を作ったり、社会と大きくつながっていく時期です。

第7フェーズ・第一の繁忙期（35歳頃から50歳頃）

自分の暮らしの形ができ、日々忙しく暮らしていく時期です。

③まとめあげプラットフォーム

今までのヒトやモノなどとの関係性を再編集・再構築する作業に追われる時期です。「エンディング」期とも言います。

第8フェーズ・第二の模索期（50歳頃から55歳頃）

子どもの自立や親の世話、職業の変化などで、家族やヒトとの関係性が変化する時期です。

第9フェーズ・第二の繁忙期（55歳頃から75歳頃）

孫の世話や親の世話などで、再び忙しくなる時期です。

第10フェーズ・第二の自主期（75歳頃から85歳頃）

人生の伴侶や親しい人を見送って、自分ひとりで自分のことをしていく時期です。

第11フェーズ・第二の薄暮期（85歳以降）

死を迎える準備をしていく時期です。

第12フェーズ・記憶期

身体が死んだ後、人々の記憶の中に生きる時期です。

いかがでしょうか。年齢はあくまでも目安です。

40歳過ぎて結婚して子どもができる人もいれば、一生結婚せずに仕事に邁進《まいしん》する人もいます。ですが、この3つのプラットフォームは、どの人にも共通していることだと言えます。

第1のプラットフォームでは、あなたは親や保護者に見守られながら育ってきたはずですし、第2のプラットフォームでは、これからあなたは何らかの形で社会とつながり、ヒトやモノとの関係性を広げて深めていくでしょう。そして、誰にも訪れる第3のプラットフォームでは、あなたも人生の終焉を迎えるにあたっての準備をしておかなくてはならないということです。

そして、どのプラットフォームでも、ヒトとモノとの関係は断ち切れません。

こうした人生の流れを見て、あなたにこれからしてほしいのは、**自分なりに人生の設計を考えておいてほしいということです。**

あなたは、これまでの1年間の暮らしで、自分なりにお金の使い方をつかんできたと思います。そして、この未来の設計図を考えた時に、どのように未来のお金を貯めておくのかを考えてください。結婚したり、家を買ったり、子どもを育てたり、将来はかなりお金がかかることを想定していないと、あるだけ使ってしまう生活になりかねません。

そして、長い人生に向けて、自分の目標を達成する計画も立てていきましょう。ステップアップするための資格なのか、趣味を高めていくのか、それは人それぞれです。**また、人とのつながりはあなたの人生にとって、最も大切なことであることを知っておいてください。**

あなたは、この1年のひとり暮らしで成長したはずです。「自立する力」、「家事の力」を得たあなたは、たとえ、この先どんなことがあっても、大丈夫だと私は信じています。

最後に「ひとり暮らしを始めたあなた」が、これからもずっと幸せに生きていけることを、私はいつまでも願っています。

2018年春　辰巳 渚

辰巳渚さんは本書の原稿をほぼ完成させた後、２０１８年6月26日、
不慮の事故のため、逝去されました。

あとがき――

母・辰巳渚のこと

長男・中尾寅彦

母が逝去した6月26日は、私が二十歳になる誕生日のたった11日前でした。大学に入学し、地方でひとり暮らしを始めてから1年と少し経った、普段と変わりないある日のことです。

お昼前に、父から不在着信と、一件のショートメールが入っていました。母がバイクで事故を起こした、と……。私がそれに気がついたのはお昼過ぎで、半分パニック状態になりながら病院に駆けつけた時には、既に母は、逝った後でした。病室の前で、父からそのことを告げられました。あの時に覚えた脱力感というか、まるで自分がいる今この場所が現実ではないように思えたあの感覚は、今でもとても鮮明に覚えています。その後、身内で母を荼毘《だび》に付すまでの3日間でたびたび、痛切に感じました。もう母さんと会うことも、話すこともできないのだ、と。まだ教わりたいことも、頼りたい気持ちも、孝行したい想いもたくさんありました。

母は昔からしきりに、「早く一緒にお酒が飲みたい」「あなた、早く二十歳になりなさいよ」と言っていました。なぜもう少しだけ待ってくれなかったのか。「バイクは命を落とすから絶対に乗らせない」とも言っていました。それなのに、自分はいいのか……。私は母に、初めてこんなにも怒りを感じました。

結局のところ、そうした様々な思いや感情は、母がもうこの世にいないという不可逆の事実を受け入れようとするときに生まれてくるのです。後悔は先には立ちません。そして、人生何が起こるかは、起こってからでないとわからないものです。そんなことは至極当然だと自分でも知っていたはずなのに、後悔の念は尽きません。自分はもう少し、何かしらできたのではないかと……。

思えば、私は高校生ぐらいの頃から、家にいる時間が随分と少なかったかもしれません。帰る時刻は平均して21時頃だったでしょうか、家族で食卓を囲める機会を減らしてしまっていたと思います。さらに大学に入ってひとり暮らしを始めてからは、普段実家に居ないのはもちろん、帰省している期間すらもバイトやその他の用事に明け暮れ、家でちゃんとごはんを食べるのは週に一度といった状況でした。家族との時間は、ほんの一握り程度しか取れていなかったと思います。

でも、これは母が嫌いとか、外のごはんがいいとか、そういった理由では決してないのです。私は、一番尊敬している人を聞かれたら間違いなく母と答えますし、母は自他共に認める料理上手で、外食ではとてもその料理は超えられません。それにもかかわらず、なぜそういう状況だったのかと問われれば、きっと家族の優先順位が知らず知らずのうちに下がっていたからなのだと思います。

家族はとても大切な存在で、同時にあまりにも近い存在です。それゆえ、いつのまにか居るのが当たり前だと錯覚してしまっている。それが当たり前ではないことに、自分がひとり暮らしをするようになってから気づいたつもりでいましたが、まだその認識は足りていなかったようです。母がこの世から去って、強く強く、そのことを感じます。

母の子供たちへの想い

母の死後、母が事故の直前までこの本を執筆していたことを知りました。そして父伝てに編集者の方から「あとがき」を書いてほしいと依頼されました。これは自分にとって、非常にありがたいご依頼であったなと、この本の原稿を読み終えたときに改めて思いました。なぜなら、私は初めてこの原稿を読んだ時、「これは自分に向けて書かれた本だ！」と強く感じたからなのです。

この本はひとり暮らしを始める人とその親御さんに向けて書かれた本ですが、母が、私たち息子や娘に教えてきたことをまとめたもののようにも感じられるのです。ですから、私がこの本を読んでいると、今まで教わってきたことを、もう一度、ひとり暮らしをするにあたって、母から仔細に教わり直しているような……そんな感覚に陥るのです。実際、自分ができていないポイントについて読んでいる時には、チクチクと指摘されているような気持ちになりました（笑）。

母がこの本の執筆を始めたのは２０１７年の夏だったそうです。それは、私がひとり暮らしを始めて、ちょうど3か月の時期。母としても、思うところがあったのかもしれません。

母は２０００年に『「捨てる！」技術』という本がベストセラーとなり、それから継続して実用書を執筆してきました。ですが私は今までその中の一握りの著作しか、読んだことがありませんでした。自分はどうも、「辰巳渚」という人物をよく知ろうとはしていなかったのではないかと思います。息子である私にとって、仕事をしている母は、近くとも遠い存在でした。しかし、今回の件をきっかけにして、母の知人から「辰巳渚」について色々な話を聞かせてもらい、読んだことのない母の著作を読んでいこうと思いました。

母がこの世を去ってしまったことによって、辰巳渚について知ろうと思うようになったのは、なんだか皮肉に思えます。そして、そんな辰巳渚の著書で自分があとがきを書くことになるとは、まったく思ってもみませんでした。

本書を手にとって下さった方は、今まで自分を育ててきてくれた家族から自立しようとしている人も多いと思います。それは本書の〝はじめに〟で書かれているように、人生の大きな一歩であり、とても尊いことだと思います。

ですがその一歩を踏み出すことは、自分を育ててきてくれた家族との時間がさらに短くなり、より貴重なものとなることだともいえるのではないでしょうか。親や家族から教わらなければならないことはまだまだ沢山あるはずですし、関係性が変化してゆく中でその時間を愉しむことは、きっと素晴らしいことだと思います。

先にも書いた通り、家族は近すぎるがゆえに、ずっといるのが当たり前だと思ってしまいがちです。でも、それは決して当たり前ではないのです。

ひとり暮らしという自立の一歩目だからこそ、今まで頼ってきた親や家族に改めて頼り、教わっていくことが大事なのだと思います。どうぞ、その関係を大切になさってください。

そして願わくは、母の遺した言葉が、これを読んでいるあなたのひとり暮らしの一助となることを祈っています。

文庫版あとがき

長男・中尾寅彦

この本の単行本版のあとがきを書かせていただいた2018年の秋頃、私は20歳、大学在学中の身でした。母が亡くなった後、依然として地方でひとり暮らしをしながら日々を過ごしていた私にとって、この本を通じて母の思いの一端に触れ、それに対してあとがきを書かせてもらうという、ある種の継承に携わらせてもらえたことは、非常に大きかったように思います。

あれから5年が過ぎました。自分も紆余曲折を経て、学生から社会人へと立場を変えて生活しています。この変化は自分の生活にとって相当に大きいものだと感じている一方で、その根底にあることは変わらない、とも感じています。それこそが「自立して生きる」ということなのではないかと思うのです。母は本書の中で、自立とは、「自分の力で、自分の人生を、よりよく生きていこうとしていること」と述べています。この思想は、今の自分の中に確かに息づいていることのひとつです。大学生になって地方でひとり暮らしを始めたことも、学生から社会人になったこの期間の変化も、私にとって自立への大きな一歩であり、重要な転換期でした。ですが、本書で母が述べている「自立して生きる」ということは、転換期だけに問われるものではなく、むしろ日々、生活の中で問われ続けていることだということが、重要だと思うのです。だからこそ母は「家事をする力」、つまり「日々の生活をよりよく生きていける力」の大切さを信じて、これまで活動してきたのだと思うのです。一日一日の生活の中にこそ、自分の「生きる」ということがあるという、とてもシンプルなことを、母は追求していたのだと改めて感じます。

私事ながら、今年の春、自分の妹が高校を卒業し、新たな生活のステージに進むことになります。母が亡くなってから本当にいろんなことがありましたが、一歩ずつ確かに自立へと歩んでいる妹の姿は、とてもたくましいです。その姿を見て、私自身の生き方も省みさせてもらっています。言い換えると、妹の自立に向かう姿が、一層、私自身の「自立して生きる」ということを促してくれているように感じるのです。

人々が生きる力は、それら同士が密接に繋がっているのだと感じることが増えました。生きる力の繋がりを紡いでいく一人一人が、日々の生活をよりよく生きていけることに、本書が少しでもお役に立てることを、心から祈っています。

単行本　二〇一九年一月　文藝春秋刊

イラスト　いだりぇ
編集協力　石井香奈子
スペシャルサンクス　村上有紀
淀川洋子
株式会社生活の学校／一般社団法人家事塾

文春文庫

あなたがひとりで生《い》きていく時《とき》に知《し》っておいてほしいこと
ひとり暮《ぐ》らしの智恵《ちえ》と技術《ぎじゅつ》

定価はカバーに表示してあります

2024年3月10日　第1刷

著　者　辰巳《たつみ》　渚《なぎさ》

発行者　大沼貴之
発行所　株式会社　文藝春秋
東京都千代田区紀尾井町 3-23　〒102-8008
TEL　03・3265・1211㈹
文藝春秋ホームページ　http://www.bunshun.co.jp
落丁、乱丁本は、お手数ですが小社製作部宛お送り下さい。送料小社負担でお取替致します。

印刷・萩原印刷　製本・加藤製本
Printed in Japan
ISBN978-4-16-792189-7

（　）内は解説者。品切の節はご容赦下さい。

上野千鶴子
おひとりさまの老後
結婚していてもしてなくても、最後は必ずひとりになる。でも、智恵と工夫さえあれば、老後のひとり暮らしは怖くない。80万部のベストセラー、待望の文庫化！　（角田光代）
う-28-1

上野千鶴子
男おひとりさま道
80万部を超えたベストセラー「おひとりさまの老後」の第二弾。死別シングル、離別シングル、非婚シングルと男性〝おひとりさま〟向けに、豊富な事例をまじえノウハウを指南。（田原総一朗）
う-28-2

上野千鶴子
ひとりの午後に
世間知らずだった子供時代、孤独を抱えて生きていた十代のころ……。著者の知られざる生い立ちや内面を、抑制された筆致で綴ったエッセイ集。　（伊藤比呂美）
う-28-3

上野千鶴子
上野千鶴子のサバイバル語録
「万人に感じ良く思われなくてもいい」『相手にとどめを刺さず、もてあそびなさい』——家族、結婚、仕事、老後、人生を前向きに生きたいあなたへ。過酷な時代を生き抜く140の金言。
う-28-4

岡田斗司夫
レコーディング・ダイエット決定版　手帳
岡田斗司夫氏考案の「レコーディング・ダイエット」を実践するための手帳。日々の食べたものと体重と、体脂肪率を記録して、自己管理の習慣を身につけて、太らない体に「変身」しよう。
お-29-3

加納朋子
無菌病棟より愛をこめて
愛してくれる人がいるから、なるべく死なないように頑張ろう。急性白血病の告知を受け仕事も家族も放り出しての緊急入院、抗癌剤治療、骨髄移植——人気作家が綴る涙と笑いの闘病記。
か-33-5

川上未映子
きみは赤ちゃん
35歳で初めての出産。それは試練の連続だった！　芥川賞作家の鋭い観察眼で「妊娠・出産・育児」という大事業の現実を率直に描き、多くの涙と共感を呼んだベストセラー異色エッセイ。
か-51-4

文春文庫　こころ・からだ・生き方

辰巳芳子
食といのち
母娘2代にわたって日本の風土に適した食を探求してきた料理家が、「食といのち」をめぐり、福岡伸一氏ら各界の第一人者四人と対談。いのちを養う粥、スープのレシピも収録。
た-73-2

ちきりん
未来の働き方を考えよう
人生は二回、生きられる
先の見えない定年延長が囁かれる中ホントに20代で選んだ仕事を70代まで続けるの？　月間200万PVを誇る人気ブロガーが説く「人生を2回生きる」働き方。（柳川範之）
ち-7-1

つばた英子・つばたしゅういち
ききがたり ときをためる暮らし
夫婦合わせて一七一歳。自宅のキッチンガーデンで野菜を育て、手間暇を惜しまず半自給自足の生活を営む。常識にとらわれず自己流を貫いてきた二人から、次世代への温かなメッセージ。
つ-24-1

中川翔子
「死ぬんじゃねーぞ!!」
いじめられている君はゼッタイ悪くない
中学高校といじめられ、「死にたい夜」を過ごした中川翔子が傷つき悩む十代のために叫ぶ魂のエール。文庫化に際し、単行本刊行後に中川さんが考えたことを綴った一章を追加。
な-85-1

藤原智美
つながらない勇気
ネット断食3日間のススメ
ことばがデジタル化への変貌を遂げている今こそ、人間本来の思考力と想像力を取り戻し、豊かな人間関係を築き孤独に耐える力を培う為に、書きことばの底力を信じよう。（山根基世）
ふ-29-2

柳田邦男
犠牲（サクリファイス）
わが息子・脳死の11日
「脳が死んでも体で話しかけてくる」。自ら命を絶った二十五歳の息子の脳死から腎提供に至るまでの、最後の十一日間を克明に綴った、父と子の魂の救済の物語。（細谷亮太）
や-1-15

山崎章郎《ふみお》
病院で死ぬということ
人間らしい、おだやかな時間と環境の中で、生き、そして最期を迎えるために――人間の魂に聴診器をあてた若き医師の厳粛な記録。これがホスピスを考える問題提起となった。（柳田邦男）
や-26-1

（　）内は解説者。品切の節はご容赦下さい。

平松洋子　画・下田昌克
かきバターを神田で
冬の煮卵、かきバター焼定食、山形の肉そば、ひな鳥の素揚げ、ちぎりトマトにニッキコーヒー。世の中の美味しいモノを伝え悶絶させてくれる人気エッセイ、文庫オリジナル。（堂場瞬一）
ひ-20-10

穂村　弘
君がいない夜のごはん
料理ができず味音痴……という穂村さんが日常の中に見出した「かっこいいおにぎり」や「逆ソムリエ」。独特の感性で綴る「食べ物」に関する58編は噴き出し注意！（本上まなみ）
ほ-13-4

森下典子
いとしいたべもの
できたてオムライスにケチャップをかけて一口食べた瞬間、懐かしい記憶が甦る——たべものの味には、思い出という薬味がついている。絵と共に綴られた23品の美味しいエッセイ集。
も-27-1

森下典子
こいしいたべもの
母手作りの甘いホットケーキなど、味の記憶をたどると胸いっぱいになった事はありませんか？　心が温まる22品の美味しいカラーイラストエッセイ集。『いとしいたべもの』続編！
も-27-2

米原万里
旅行者の朝食
ロシアのヘンテコな缶詰から幻のトルコ蜜飴まで、古今東西の美味珍味について薀蓄を傾ける、著者初めてのグルメ・エッセイ集。人は「食べるためにこそ生きる」べし！（東海林さだお）
よ-21-2

文藝春秋　編
もの食う話
物を食べることには大いなる神秘と驚異が潜んでいる。荷風、百閒、澁澤龍彥、吉行淳之介、筒井康隆ほか、食にまつわる不安と喜び、恐怖と快楽を表現した傑作の数々を収録。（堀切直人）
編-5-10

（　）内は解説者。品切の節はご容赦下さい。

山崎ナオコーラ
文豪お墓まいり記
谷崎潤一郎、永井荷風、太宰治に森茉莉…互いに交流する文豪たち。26人の人生を思いつつ、現代の人気作家がお墓まいり！　食事処案内やお墓の地図ありの楽しいガイド。
や-51-3

山内マリコ
買い物とわたし
お伊勢丹より愛をこめて
週刊文春の人気連載「お伊勢丹より愛をこめて」が書き下ろしを加えて一冊に。蚤の市で買ったお皿からハイブランドのバッグまで、カラーイラスト満載で紹介するお買い物エッセイ。
や-62-1

米原万里・佐藤　優　編
偉くない「私」が一番自由
佐藤優が選ぶ、よりぬき米原万里。メインディッシュは初公開の東京外語大学卒業論文。単行本未収録作品も含む傑作エッセイを佐藤シェフの解説付きで紹介する。文庫オリジナル。
よ-21-7

和田　誠
銀座界隈ドキドキの日々
銀座が街の王様で、僕はデザイナー一年生だった！　憧れのデザイン業界の修業時代を文章と懐かしいデザインで綴った六〇年代グラフィティ。講談社エッセイ賞受賞。　（井上ひさし）
わ-2-4

若松英輔
悲しみの秘義
暗闇の中にいる人へ——宮澤賢治や神谷美恵子、プラトンらの悲しみや離別、孤独についての言葉を読み解き、深い癒しと示唆で日経新聞連載時から反響を呼んだ26編。　（俵　万智）
わ-24-1

若林正恭
表参道のセレブ犬とカバーニャ要塞の野良犬
「別のシステムで生きる人々を見たい」。多忙な著者は5日間の夏休み、一人キューバに旅立った。特別書下ろし3編「モンゴル」「アイスランド」「コロナ後の東京」収録。　（DJ松永）
わ-25-1

若林正恭
ナナメの夕暮れ
世界を疑い続ける面倒な性格を持て余していた著者は、いかにして立派なおじさんになったのか。自分探しは、これにて完全終了！　書き下ろし「明日のナナメの夕暮れ」収録。　（朝井リョウ）
わ-25-2